# 科学报国

顾迈男 著

广东高等教育出版社
Guangdong Higher Education Press
·广州·

**图书在版编目（CIP）数据**

科学报国/顾迈男著. —广州：广东高等教育出版社，2021. 3
ISBN 978 -7 -5361 -6991 -3

Ⅰ. ①科…　Ⅱ. ①顾…　Ⅲ. ①科学家 - 生平事迹 - 中国 - 现代
Ⅳ. ①K826. 1

中国版本图书馆 CIP 数据核字（2021）第 048393 号

| | |
|---|---|
| 出版发行 | 广东高等教育出版社<br>社址：广州市天河区林和西横路<br>邮编：510500　　营销电话：（020）87553335<br>http://www. gdgjs. com. cn |
| 印　　刷 | 佛山市浩文彩色印刷有限公司 |
| 开　　本 | 787 毫米 ×1 092 毫米　1/16 |
| 印　　张 | 10 |
| 字　　数 | 110 千 |
| 版　　次 | 2021 年 3 月第 1 版 |
| 印　　次 | 2021 年 3 月第 1 次印刷 |
| 定　　价 | 28. 00 元 |

# 卷 首 语

20 世纪 60 年代至 90 年代，我在新华社任记者，负责中国科技方面的宣传报道工作。数十年间，我在记者的岗位上接触并采访了国家领导人和一些著名科学家，近距离接触那些现在大多已经驾鹤西去的人。聆听他们为国效力的故事，采写报道他们的业绩，使我激动，使我欣喜，使我难以忘怀。

在我做记者的年月里，中国发生了许多重大事件，三峡工程、南水北调提上了议事日程，“两弹一星”研制成功，一个个著名科学家不遗余力地为国效力……

以毛主席为首的国家领导人，刚从战火纷飞的硝烟中走出来，就日夜筹划着新中国建设的宏伟蓝图。

举世瞩目的三峡工程和南水北调，就是新中国诞生初期毛主席亲临现场提出来的。他经过实地调研考察，以其博大的胸怀，深远的卓识，大胆地提出要截断巫山云雨，让高峡出平湖，要把充沛的南水引向干旱的北方大地……临终，还谆谆叮嘱身边的人：工程建成后，勿忘告诉他……

日月穿梭，江山依旧。经过几代人的努力，已经截断了巫山云雨，高峡出平湖。

中华人民共和国成立之初，西方列强亡我之心不死，中国上空核阴云密布。在生死存亡的紧要关头，以毛主席为首的国家领导人，毅然决策发展战略核武器。

冲破藩篱归来的钱学森，从著名科学家约里奥－居里实验室走出来的钱三强，不遗余力地带领万千科技人员日夜奋战，在戈壁滩上升起了蘑菇云……让浩瀚的宇宙出现了中国星。

在那个激情沸腾的年月，我作为一名年轻的记者，东奔西跑，采访了一位又一位创造奇迹的人，记下了一个又一个动人的故事，现在我把它们呈现给广大读者，希望人们，尤其是年轻人，接过前辈的火炬，奋力奔跑，再创辉煌！

顾迈男

2020 年 5 月 16 日

# 目　录

回忆自己的人生旅程，钱学森教授真诚地讲过这样一番语重心长的话，他说："我作为一名中国的科技工作者，活着的目的就是为人民服务。如果人民最后对我的一生所做的工作表示满意的话，那才是最高的奖赏。"



钱三强说："国家要强盛起来，离不开科学技术，青年们也应懂得这个道理。因此，我希望年轻人（一切有志于使中国摆脱落后状态的青年们），在学习历史知识的同时，应致力于科学技术知识的学习，不要对自己的国家妄自菲薄。"



"50 多年过去了，我对自己当年回国参加新中国的建设，用毕生的精力亲自参与中国核科技事业的创立和发展，为祖国的安全和中华民族的强盛贡献出自己的一份力量，感到无比的自豪和欣慰!"



"把自己当成一块砖垒上去也心甘情愿"的人们，正是怀着这样的信念去创造这一页惊天动地的历史的。他们之中，许多人为它献出了自己的全部智慧、青春年华，甚至宝贵的生命。"

# 毛主席和科学家

## （一）

1969 年 5 月 19 日，毛主席接见来自全国各地的群众代表，陪同接见的人们中有地质学家李四光。人们看到，毛主席俯身凑在李四光的耳边，低声说了句什么，随后拉着他的手，两人一前一后，在代表们面前走过。在热烈的掌声和欢呼声中，毛主席向代表们挥手致意，和李四光手拉手地走进了休息室。

当时正是林彪、“四人帮”疯狂迫害知识分子的时候，毛主席这样亲切地对待李四光，使许多知识分子特别是科学家们很受感动。

事后，李四光激动地对人说，那天毛主席凑到他耳边问的是：“身体好吗?”他对自己同毛主席一起在代表们面前走过感到不安，几次想回到原来的行列里，但是都被毛主席温暖的大手紧紧地拉住了。

进了休息室，毛主席请李四光在身边坐下，关心地问："军代表在工作中听不听取你的意见？"李四光思索了下，说："有时候征求我的意见。"那次会见，谈话内容很广泛，涉及天文、地质、天体起源。谈到古今中外科学家关于太阳系起源的种种说法时，毛主席说："我看康德、拉普拉斯讲的还有点道理。我不大相信施密特的说法。"告别时，毛主席殷切地对李四光说："我很想看看你写的东西。"

回到家里，这位已经患病、年近八旬的科学家，由秘书记录他的口述，日夜赶写了《天文　地质　古生物》文集共七卷，送给了毛主席。

据李四光遗留资料整理小组的人们讲，新中国成立前，李四光见过周总理，没有见过毛主席。但是，毛主席很早以前就研究过李四光的地质力学。1952 年，毛主席在一次会议上见到李四光，开头就问："你那个山字型构造是怎么回事，你是不是给我讲一讲？"李四光很感动：毛主席日理万机，还注意到了地质力学这样一个专门性的概念。他详细地给毛主席讲了在力的作用下，大地形成的山字型构造是怎么回事。

第一个五年计划开始之后，毛主席对我国的石油资源情况很关心。在这以前，国内外的一些所谓专家、权威都认为中国是个贫油国家，肯定找不到石油。1953 年的一天，毛主席把当时担任地质部长的李四光请到中南海，周总理和朱德同志也在场。毛主席问李四光："在我们的地底下究竟能不能找到石油？"毛主席说："第一个五年计划已经开始，天上飞的，地上跑的，都离不开石油。要是找不到天然石油，我们就要走人造石油的道路，可别耽误了！”

李四光谈了从20世纪20年代起他对这个问题的考察情况，满怀信心地说：“我们中国的地质条件很好，问题在于我们的勘察工作要跟上去。我主张广泛地开展石油普查工作。”

毛主席很重视李四光的意见。1956年5月6日，周总理在国务院召开的司局长以上干部会议上，正式传达了毛主席关于开发我国石油资源的指示。周总理说：“我们的石油发展很落后，首先是勘察的情况不明。地质部长很乐观，对我们说：地下的储藏量很大，很有希望。我们很拥护他的意见。现在需要做工作，所以要有一个单独的石油工业部。”

根据李四光的地质力学理论，我国地质科学工作者和石油科学工作者广泛开展普查勘探工作，先后找到了石油。毛主席对这项成就给予很高的评价。1964年元旦，毛主席邀请李四光到中南海怀仁堂看豫剧《朝阳沟》，两人坐在一起，边看戏边谈话。当谈到我国发现石油时，毛主席高兴地说：“你们两家都有功劳”（两家是指地质部和石油部）。在三届人大会议上，周总理代表党中央和毛主席再次表扬了这项成就。周总理说，第二个五年计划期间建设起来的大庆油田，是根据我国地质学家的理论发现的。

毛主席对李四光的尊重还表现在许多地方。一次，在一个水库建设的地质问题上，有关部门起初没有重视李四光的意见，毛主席知道后批评说：“告诉李四光，不管他们，淹死人由他们负责！”后来有关部门就按李四光的意见办了。

我国其他许多科学家同样很受毛主席的尊重。著名气象学家竺可桢曾在日记中谈到1964年2月6日他和毛主席一次会见的情况。那是一次春雪过后，他在下午一时应邀来到毛主席的卧室。

关于这次会见的经过，竺可桢在日记中写道：

> 毛主席电话要我去中南海谈话，并说只约了仲揆（按：即李四光）和钱学森。我到中南海，见毛主席卧室摆满图书……与我握手后，我坐下正要问好，他就先说见到我关于《论我国气候的几个特点及其与粮食作物生产的关系》文，我说明这是去年在杭州地理学会上所提的论文……毛主席说，农业八字宪法水肥土密保种工管，尚有缺点，还应加上光和气（日光和气候）。他对于太阳光如何把水和二氧化碳合成为碳水化合物有兴趣。未几，仲揆和学森来，大家就谈地球形成之初情况如何，空气合成了许多煤与石油，动植物如何进化。他又谈到无穷大与微观世界，正电子与反电子的辩证法……仲揆谈到造山运动和冰川，因此谈到地质时代气候变迁与历史时代气候的变迁，毛主席又问到近来有否著作可以送他看。三点告别。

竺可桢回来后，就给毛主席送去了自己写的论文《历史时代世界气候的波动》和《物候学》一书。

## （二）

毛主席非常关心我国科学技术事业，重视科学研究成果，总是号召要尽量采用先进技术，为建设社会主义的现代化强国而奋斗。

1955 年 1 月上旬，毛主席亲自召开会议，研究我国原子能科学的发展问题。地质学家李四光带着铀矿石，核物理学家钱三强带着测量放射性物质用的仪器来到中南海参加了这次会议。在党中央和毛主席的关怀下，我国原子能科学迈开了前进的步伐。

科学界的许多老干部和科学家认为，1956 年制定 12 年科学发展规划，是我国科学技术发展的一个重要转折点。毛主席非常重视那次制定规划的会议，亲自接见到会的科学家，听取他们的汇报。周总理根据毛主席关于发展自然科学的指示，具体领导了制定规划的工作。当时，参加会议的有几百名科学工作者，开始大家不知道该怎样为我们这样一个有几亿人口的大国制定科学发展规划。后来经过讨论，向产业部门请教了经济建设中需要解决的科学技术问题。周总理说，这还不够，还要加上自然科学中的重大基本理论问题，作为规划中的一个重要内容。之后，在周总理的亲切关怀下，又制定了包括数学、物理、化学、生物学、地理等方面的基础学科规划。规划制定出来以后，毛主席号召大家要树雄心，立壮志，为迅速实现这个宏伟规划而奋斗。从那以后，我国科学事业大踏步前进，半导体、原子能、电子计算机、喷气技术、无线电电子学这“五朵金花”也相继开放。

1958 年，中国科学院各研究所捷报频传。这年 10 月 27 日下午，阳光灿烂，毛主席兴致勃勃地来到首都西郊中关村，参观各个研究所的成果展览会。对每一件展品，毛主席都看得很仔细，足足看了两个半小时。

在一个全身布满黑点的人体模型前，当时的中国科学院副院长张劲夫介绍说："这是针灸穴位和皮肤电位分布的比较。试验证明，祖国医学上的经络学说还是值得重视的。"毛主席边听边看说明，就祖国医学的科学性问题对大家说："这就有了科学了，不能再说没有科学喽!"在参观一个被称为"棘鼻青岛龙"的大恐龙骨骼时，毛主席嘱咐要好好地保护这个标本。在技术科学展览馆，毛主席参观了展出的重量轻、强度高、经济、便于安装的建筑材料后高兴地指出：如果全国都是这样，那就太好了。

参观后，毛主席会见了各学部和各研究所的负责人和科学家，勉励大家要敢于走前人没有走过的道路，破除迷信，解放思想，努力赶超世界先进水平。

## (三)

毛主席密切注意着自然科学的各种发现和发展，用辩证唯物主义的观点研究这些发现和发展。1955 年 1 月，在毛主席亲自主持召开的专门研究我国原子能科学事业的会议上，当钱三强教授谈到质子、中子是构成原子核的基本粒子时，毛主席曾指出："我看不见得。"毛主席说："质子、中子、电子还应该是可分的，一分为二，对立统一嘛！现在实验上虽然还没有证明，将来实验条件发展了，将会证明它们是可分的。"又风趣地说："你们信不信？你们不信，反正我信。"果然，半年以后美国发现了"反质子"，一年以后又发现了"反中子"。

1964 年北京科学研讨会期间，毛主席读了日本物理学家坂田昌一写的一篇关于基本粒子的对话的文章，很感兴趣。这年的 8 月 24 日，他把著名物理学家周培源还有于光远请到家里，专门就这个问题进行了热烈交谈。在长达 3 个多小时的讨论中，毛主席和两位科学家从微观世界谈到宏观世界，从基本粒子谈到天体起源，谈到了人的认识的局限性，谈到了宇宙的无穷大和物质的无限可分。毛主席谈笑风生地说："世界是无限的。世界在时间上、在空间上都是无穷无尽的。在太阳系外有无数个恒星，它们组成银河系。银河系外，又有无数个银河系。宇宙从大的方面看来，是无限的。宇宙从小的方面看来，也是无限的。不但原子可分，原子核也可以分，电子也可以分，而且可以无限地分割下去。庄子讲'一尺之棰，日取其半，万世不竭'，这是对的。因此，我们对世界的认识也是无穷无尽的。要不然物理学这门科学就不再发展了。如果我们的认识是有穷有尽的，我们已经把一切都认识到了，还要我们这些人干什么？"又说："现在我们对许多事情还认识不清楚。认识总是在发展。"

谈话中，毛主席还着重阐述了"人间正道是沧桑"这个哲理。他说："世界上一切都在变，物理学也在变，牛顿力学也在变。世界上从原来没有牛顿力学到有牛顿力学，之后又从牛顿力学到相对论。这本身就是辩证法。”

在当时召开的北京科学讨论会上，以及两年以后在北京召开的暑期物理讨论会中，中外科学家热烈讨论了毛主席的这一哲学思想，我国的物理学家在这个思想指导下提出了“层子模型”理论。到现在，各国科学家已经陆续发现数百种基本粒子，证实了毛主席的物质无限可分的思想的正确性。1977 年在夏威夷举行的第七届粒子物理专题会议上，一位美国著名理论物理学家建议，将现在称为“层子”或“夸克”或“部分子”等这一物质层次的组成部分，命名为“毛粒子”。

早在 1940 年，毛主席就指出：“自然科学是人们争取自由的一种武装。”1963 年又把科学实验和阶级斗争、生产斗争并列为建设社会主义强大国家的三项伟大革命运动。在同年 12 月召开的一次会议上，有人问毛主席科学实验的含义是什么，毛主席答复说：“我讲的科学实验，主要是讲自然科学。”1973 年毛主席接见美籍物理学家杨振宁时，杨振宁说：“毛主席，您把科学实验同阶级斗争、生产斗争一起提，是非常重要的。”毛主席意味深长地反问道：“没有科学实验行吗?”

毛主席在世时，和许多科学家有过密切的交往，对我国科学家的成长和进步极为关怀。新中国成立后我国科学技术事业的发展，是同毛主席的关怀密切联系在一起的。在纪念毛主席诞辰 85 周年的日子里，我国科学家缅怀这位伟人，决心继续忘我工作，使中国更辉煌。

（原载《人民日报》，1978 年 12 月 28 日，有修改）

# 毛泽东与林一山谈三峡工程和南水北调

2008 年 1 月 5 日，《人民长江报》第一版用整版篇幅发表了水利部长江水利委员会的文章《一山独秀林不老　大江浩荡水长流》，记述了水利部原顾问、长江水利委员会原负责人林一山的事迹。

林一山和妻子在葛洲坝

岁月如梭，如今林一山驾鹤西去已经13年多了。回忆和这位筚路蓝缕的水利专家也是儿女亲家的相识、相知，许多往事历历浮现在我的眼前，尤其是他就三峡工程和南水北调问题与毛主席面对面谈话的生动回忆，更给我留下深刻印象。

## “长江”舰上首次谈话

新中国成立后，林一山献身水利事业，曾先后担任中南军政委员会副主任、长江水利委员会主任兼党委书记、长江流域规划办公室（简称“长办”）主任兼党委书记。林一山从事水利事业后，勤于学习，刻苦钻研，人们常说，他不仅是一位出色的领导者，而且堪称一代水利泰斗。

在林一山家的客厅里，有一张挂了半个多世纪的照片，照片是林一山和毛主席面对面地站在“长江号”军舰上，神情专注地在谈话。回忆这张照片，林一山说：“那是1953年2月19日，我突然接到中南局的通知，要我随毛主席外出并汇报工作。”

为了随行方便，他被安排住在毛主席下榻的汉口“杨森花园”。这里原是四川大军阀杨森的别墅，环境幽静。

“我住下后，心里不免有些忐忑。我揣摩着毛主席此行的用意，琢磨着他会和我谈些什么。那天，我备齐了一切必要的资料，与毛主席一行数人分乘几辆小车驶向江边。毛主席在长江边下车后，步行穿过宽阔的江滩，时近中午，远望大江，显得格外浩渺。”

在武汉关附近临时搭建的一个码头上，毛主席一行和林一山登上“长江号”军舰。军舰刚起锚，毛主席就派人来找林一山。林一山匆匆带上一本为纪念《申报》创刊60周年出版的《中国地图》（1932年版），来到二楼毛主席的卧舱里。进去之后，林一山发现，毛主席早已在等候他了。

毛主席身穿绿色的军呢大衣，头戴军帽，脖子上随意系着一条方格围巾，满面红光，不像是年已六旬的人。毛主席见林一山来了，就向他快步走去，笑容满面地与他紧紧握手，并请他坐下。随即很随意地问他：“你过去见过我吗？”

“见过几次。”林一山回答说，“西安事变放走蒋介石以后，1937年春天，中央召开全国党的代表会议，我是白区代表，到了延安，主席曾参加过我们的小组会，我还问过许多问题。”听了林一山的回答，毛主席幽默地说：“真对不起，你认识我，我不认识你。”

毛主席温和的话语、平易近人的态度，使林一山原来有些紧张的心情，渐渐地放松下来。毛主席看见林一山手中拿的地图，问：“你这本中国地图哪儿来的？”

“是在东北打仗时，从汉奸那里弄到的。”林一山说。

毛主席边看地图边说：“这本地图还是不错的。长征开始时我路过湖南、广东边界时，也弄到过一本，以后行军打仗经常用它，长征时它也给我帮了不少忙。”随后，毛主席又注意到林一山的右手，关切地问道：“你的手是打仗的时候受伤的吧？”

“是的。是七七事变后，我在第一次和日本人作战时受的伤。”林一山说。

“你打了多少次仗？”毛主席问。

“较大的战斗约有 10 次，小规模的游击战可能有一二十次。”

“好，打一打仗有好处，可以减少主观主义。”毛主席说。

随后，毛主席开始详细地了解有关长江建设的问题。开始，毛主席向林一山询问长江洪水的成因。他问长江流域的气象特点是什么，暴雨区是怎样分布的？林一山打开随身带去的长江流域图，着重介绍了长江流域的两个暴雨区：一个是从南岭向北流水的地区，如赣江、湘江、资水、沅水，时间大概是在四、五、六 3 个月。暴雨的发展是从江西到湖南，由南向北、由东到西逐步发展的。另一个暴雨区是四川盆地西部、北部、南部和三峡区间，也包括秦岭以南的汉水流域，时间是在七、八、九 3 个月。在一般情况下，这两个暴雨区的降雨时间是互相错开的。因此，在这种情况下，长江不会发生大的洪水灾害。毛主席听了，频频点头。

林一山又讲了长江洪水灾害的降雨情况。他说，如果这两个大暴雨区同时降雨，暴雨区的洪水汇合在一起，长江河道不可能安全泄洪，就会发生水灾。这种全流域性的降雨天气，一般 5 年至 10 年可能发生一次。另一种暴雨在较大的区域发生，即区域性暴雨，因暴雨强度太大，也会形成罕见的特大洪水。像历史上的 1860 年、1870 年和 1935 年的洪水，就造成了特大灾害。这种情况，在有历史记载的 1000 多年间，就发生过 3 次。

“长江流域暴雨最大的强度是多少？”毛主席问。

“根据历史的记载，1935 年 7 月间的一次暴雨的降雨中心在湖北五峰县，这次降雨的总量达 1500 毫米，比两湖地区通常年份一年的降雨量还多。这次暴雨造成的灾害使汉江中下游地区一夜之间就淹死 8 万多人。沣水下游死亡 4 万余人。川西的峨眉山青衣江流域因地形关系，每年的降雨总量都可达 2000 毫米以上，所以称之为‘川西天漏’。”

毛主席听了林一山的上述一番话，说：“真了不得！”随即转身问随行的公安部部长罗瑞卿说：“罗瑞卿同志，你这个高个子有多高啊？”

“大约有一米八几。”罗瑞卿笑着回答。

“呵，长江真能下雨，有的地方年降雨的深度，比你罗瑞卿这个子还要高啊！”毛主席说。

接着，毛主席又以极大的兴趣向林一山询问了气象、水文、洪水成因以及为什么有一些暴雨往往出现在某些地方等问题。

林一山根据自己所了解的情况，一一做了回答。

“有意思，有意思！空气里有气团，气团分高压、低压，这气象学里也有蛮多的辩证法嘛！”毛主席听后笑着说。

“长江号”军舰在波涛汹涌的江面上破浪前进。毛主席透过窗户凝视着奔腾不息的江水，说：“要驯服这条大江，一定要认真研究，这是一个科学问题。”

随后，毛主席又转身问林一山：“长江的水文资料你们研究得怎样？”

林一山一听这话，不禁暗自佩服毛主席对水利问题如此内行。他说："我们已经组织了一支力量，整编了长江历年的水文资料。这些资料数以万计，重以吨计，统统做了整理。但是由于北洋军阀和国民党时期打了多年的内战，长江干支流、上下游各站的记录，时有短缺，有的还互相矛盾。因此，在整编过程中，我们不得不采取各种办法辨别真伪，做些插补、延伸，有些记录不得不用人工的办法去塑造'洪峰'。"

"什么叫塑造'洪峰'？整理资料怎么还能插补和延伸?"毛主席听到这里，打断了林一山的话，好奇地问。

林一山解释说："工程师在整理水文资料的时候，如果某一地、某一个时期缺乏实测的资料，而设计上或其他工作又需要所缺的资料，便利用一条河流上下游河段的实测资料，通过计算分析，进行合理的插补、延伸。如某次洪峰我们没有测到，就可以利用上述方法获得数据，推求洪峰，这就叫人造洪峰……"

"这个方法真有趣，很有科学道理!"毛主席又详细询问了一些有关的具体问题。

听了一个多小时的汇报后，毛主席显得很兴奋，他对林一山说："你不要走，我请你吃饭。"

林一山回忆说，毛主席吃饭很简单，只有两菜一汤，除了辣味以外，没有什么特别的菜。毛主席吃得津津有味，他边吃边对林一山说："我在北京很忙很乱，出来后空气新鲜，能自由地谈问题，了解情况。"

当日黄昏，船泊黄石港。深夜，毛主席来到黄石钢厂视察。工人们看见毛主席，非常兴奋，奔走相告。毛主席边走边看，不时与工人们亲切交谈。

21日上午，军舰抵达九江港。毛主席下船上岸。在中心大街尽头，迎面涌来了潮水般的群众。听完九江地委有关人员的汇报后，毛主席一行又乘船继续东行。

当庐山逐渐消失在朦胧的天边时，毛主席又与林一山交谈起来。这次谈话，毛主席主要了解的是长江流域水资源的开发利用问题。

林一山向毛主席汇报了长江平原防洪工程的规划。

当汇报到治理长江的第三阶段是修建山谷水库时，林一山展开一张长江流域水利资源综合利用规划草图，图上的干支流标着许多兴建中和规划中的大大小小的水库群。

“我们计划兴建一系列梯级水库来拦蓄洪水，从根本上解除洪水的威胁，同时开发水电，改善航道，发展灌溉，从根本上解除洪水的威胁。”

毛主席边听林一山的汇报，边凝视着祖国的万里江山图。从青藏高原的长江源头，莽莽昆仑、金沙江、大渡河、岷江、嘉陵江、乌江、湘江、汉江、赣江……直到上海、长江口，他在图上比画了一个大圆圈说：“太好了，太好了！”

随后，毛主席将目光移向三峡峡谷，低头沉思片刻后，突然指着三峡以上的地区对林一山说：“这样许多支流水库都加起来，你看能不能抵上修三峡这个大水库？”

林一山回答说：“从长江致灾洪水的主要来源说，这些水库加起来也抵不上一个三峡水库的防洪效益。”

毛主席听了，指着三峡东口说：“那为什么不在这个总口子上卡起来，毕其功于一役？就先修这个三峡水库怎么样？”

毛主席的话说出了林一山酝酿已久但未敢贸然提出的想法。于是，他兴奋地回答说：“我们很希望能修三峡大坝，但现在还不敢这样想。”

“都加起来还抵不上一个三峡水库，你不是也这样说了吗？”毛主席笑着说。

林一山见毛主席兴趣正浓，又向他介绍了美国人萨凡奇在新中国成立前提出的关于开发三峡的 YVA 计划。毛主席问林一山当时的造价。林一山说，萨凡奇提出的造价是 13 亿美元。毛主席随即派人把罗瑞卿找来，了解人民币与美元的比价。他们一算，认为造价不算高。毛主席还询问了有关工期和地质条件等方面的问题。

过了一会儿，毛主席又派人找林一山，说要请他吃饭。这次与上次一样，仍是两菜一汤，主菜还是辣味。席间，毛主席边吃边问：“你有多少工程师啊？”

“有 270 位工程师。”林一山说。

毛主席听了，放下筷子，惊讶地说：“你的工程师过百啊？”

“1949 年时，别的单位不要的工程师，我都要了嘛！”

“那么，你有多少技术员呢？”

“有 1000 多。”

毛主席听了，更加惊讶了，说：“哦，技术员过千啊！”

“是啊，我登报招收技术员，这一下他们都到我这里来了。”林一山说。

毛主席的赞叹，使林一山很受鼓舞。回到北京，毛主席就找水利部部长傅作义，谈了与林一山的上述对话，要傅作义加强水利方面的技术力量。

军舰继续顺流而下，当晚停靠在安庆码头。中共安庆地委书记汇报时说大别山很多老百姓得了大脖子病，毛主席指出：“这个病是饭食缺碘造成的，多吃海带就可以防治。”

天亮以后，军舰驶往南京。毛主席起床后，在换乘的“洛阳号”军舰甲板上，应舰上官兵们的要求，与全体水兵合影留念。毛主席向林一山等人招手说：“你们也来吧，我们也合一个影。”

随后，应“洛阳号”军舰舰长的请求，为海军题词：“为了反对帝国主义的侵略，我们一定要建立强大的海军。”

次日，毛主席回到舰上后，又与林一山谈了南水北调的问题。

毛主席问林一山：“南方水多，北方水少，能不能把南方的水借给北方一些？这件事你想过没有？”

“想过。当我想到全国农村水利化问题时考虑过。”

“你研究过这个问题没有？”毛主席又问。

“没有。”林一山说。

“为什么？”

“不敢想，也没有这个任务。”

这时，毛主席用铅笔在地图上指着白龙江问："白龙江的水能不能引向北方？"

"不行。"

"为什么？"

林一山回答说："白龙江发源于秦岭，向东南流向四川盆地，越向下游水量越大，但是地势较低，不可能穿过秦岭把水引向北方。白龙江水引向西北更有意义。引水工程也有兴建的可能性。越是河流的上游，地势越高，居高临下，则利用地势自流引水的可能性就越大，但水量却越小，因此引水价值不大，河流越是下游水量越大，地势又越往下越低，引水工程的可能性就越小。"毛主席觉得林一山说得有道理，就没有再往下问。

毛主席又把铅笔指向嘉陵江干流的西汉水说："这里行不行？"

"也不行。"

"为什么？"

林一山用白龙江不能引水的原因做了说明。

"汉江行不行？"毛主席又问。

"汉江有可能。"林一山回答说。

"为什么？"毛主席问。

"汉江与黄河、渭河只隔着秦岭平行向东流，越往东地势越低，水量也越大，而引水工程的规模反而越小。"

这时，毛主席用铅笔从汉江上游至下游画了很多道杠杠，每画一道，他都问："这里行不行？"林一山说："这些地方都有可能性，但要研究哪个方案最好。”

当毛主席指向丹江口一带时，林一山说：“这里可能性最大，可能是最好的引水线路。”

“这是为什么?”毛主席听后当即问道。

林一山说：“汉江再往下，即转为向南复向北，河谷变宽，没有高山，缺少兴建高坝的条件，因此不具备向北方引水的有利条件。”毛主席听了丹江口一带可能有条件兴建引水工程时，高兴地说：“你回去以后立即派人勘察，一有资料，就给我写信。”

林一山为什么说丹江口一带可能性最大呢?因为当时他们在研究汉江中下游防洪问题时，曾提出过丹江口工程。只是还没有考虑到用这个工程进行南水北调。毛主席的提醒，使他想到如果经过调查研究，丹江口工程有可能作为南水北调的一个方案。于是，这次接见后不久，他便布置了引汉济黄线路的勘察。这一年，林一山他们在丹江口河段勘察了三条线路，其中一条就是由丹江口水库自流水，通过“方城缺口”向北方引水的线路。他将这一结果迅速报告给毛主席。何谓“方城缺口”?方城在豫南汉江支流唐河的上游，豫南境内有一处地方的南北水系分水岭的地势较低，略施人工，便可引水北去。宋代已经发现并做过引水的尝试，因而史称“方城缺口”。

军舰快到南京时，毛主席又叮嘱林一山说：“三峡问题暂时还不考虑开工，我只是先摸个底，中央分管这项工作的同志，你也暂时不要跟他们讲，但南水北调工作要抓紧。”

林一山回忆说，他后来才知道，在同他谈话以前（即 1952 年 10

月），毛主席曾去黄河视察，黄河水利委员会主任王化云向毛主席汇报时，表示有引水济黄的打算，毛主席说过：“南方水多，北方水少，如有可能，借一点水来是可以的。”就在这次“长江号”军舰上接见林一山的前几天，毛主席又召见王化云，了解通天河的引水调查情况。当他听说只能引水100亿立方米时，当即表示：100亿太少了，如能在长江多引些水就好了。这样看来，毛主席这次约见林一山的目的是看有没有更好的调水方法。结果，林一山不仅与毛主席谈论了引水的选址选线问题，而且认为引汉水到华北的方案更具优越性，毛主席显然是满意的。因此，他才指示林一山抓紧进行南水北调的调研工作。

军舰到达南京以后，毛主席握着林一山的手说：“我算是了解长江了，了解了长江的许多知识，学习了水利，谢谢你！”林一山事后感慨地说：“在‘长江号’军舰上与毛主席的谈话，使我豁然开朗。毛主席的眼光、胸怀和气魄，确实与一般人不同，他从战略的高度，抓住了长江建设中最为关键的三峡工程和南水北调这两大课题。”

## 专列上的交谈

大约在1954年11月的一个晚上，林一山接到通知，要他到汉口车站汇报工作。上了火车以后，他才知道是毛主席的专列。车上除了毛主席外，还有刘少奇副主席和周恩来总理。

简单的问候后，周总理要林一山汇报三峡工程问题。林一山当时心想，以前毛主席曾说三峡工程只是摸个底，暂时不考虑上马，要他着重研究南水北调的问题。因此，对这次汇报他觉得心中无数，都是问答式的。汇报一开始，毛主席就提出三峡工程在规划设计上的一些重大问题。

“不靠外国人，我们自己能不能解决?”毛主席问。

“这个问题，就看中央怎么考虑，如果给我们一段时间，就是在我们完成汉江丹江口工程以后，我们的科研水平可以达到世界水平。这时，我们应当可以自己建设三峡工程。因为丹江口工程在世界上也属于一流工程。如果三峡工程需要尽早建设，那就需要苏联专家帮助我们。”

毛主席又问三峡的地质条件怎样?

林一山说：“我们虽然缺少先进设备，但在坝址地质问题上自有主见，而且看来是正确的。比如，我们一开始就认为美国工程师萨凡奇所选择的南津关坝址不合理，我们把坝址暂定为三斗坪河段。三斗坪河段地质基础是花岗岩，这种地质条件各方面都比较好，也不存在大坝漏水的问题。但花岗岩有一个问题，那就是容易风化。在三斗坪河段中，水下的覆盖层有多深多厚，我们现在还无法知道。只是在河岸上和山脚下的岸坡上做了一些坑探，大约在30米以下就可以打到较好的岩层。据苏联专家说，世界上花岗岩河段的覆盖层最深的可以达到100米。”

毛主席听了有些不安，问：“100米以下怎么样呢?”“100米的意思，就是说以下就是好的岩石。我们估计三峡河段不会这样严重。覆盖层和半风化层最深的可能只有30米。主席不要担心这个问题，如果三斗坪河段的花岗岩风化层太厚，三斗坪上下的火成岩河段有 25 公里，我们可以选择的河段很多，在离三斗坪河段只有几公里的上游就是片麻岩河段。”林一山说。

毛主席听了，脸上漾起了笑容。

不一会儿，火车进入广水车站。火车停下的时候，周总理对林一山说：“广水到了，你就可以回武汉了。”毛主席听了，说：“你不要回去了，我们就聊天吧。”

毛主席问林一山说：“中央的同志有谁了解你呀？”林一山回忆当时的情景说，他对毛主席提的这个问题没有思想准备。因此，就没有随便回答。“陈云了解你吧？”毛主席见林一山不说话，问道。这时，林一山感到更不好回答。尽管在辽南工作时，陈云曾直接领导过他，而且时常见面，应当了解自己。但是他为什么不回答呢？当时他心想：“我一生有缘晋升的机会并不少，但我不愿靠什么机缘升迁。”据他所知，当时中央已有意要他去一个部主持工作。这样他就必须离开长办，离开毛主席、周总理交办的工作，而这是他难以割舍的，因而他缄口不言。

毛主席见他不表态，就说：“好吧，我们换个话题吧。”于是，毛主席开始和他谈论美国的经济。“美国和我们中国的条件比起来，我们的条件怎么样？”林一山回答：“我没有专门研究过这个问题。只从一般的地理条件说，我们与美国相比，各有利弊，相差也不会太大。在农业上，我们的可耕地尤其是平原土地，比美国少得多。但是我们的气候条件不比美国差。我们的祖先对于在山区丘陵地带开发水平梯田有丰富的经验。我们的山多，而且地下矿藏多在山区。山区河流的落差大，水利资源更加丰富，远远超过美国。”这些话，毛主席听了很感兴趣。

火车行驶到郑州，为了保密，开进了一个偏僻的货运车站。毛主席因为准备听取吴芝圃的汇报，于是对林一山说：“现在你可以休息，天亮以后暂不要回武汉，我请你吃早饭。”天亮以后，毛主席起得很早，通知林一山到他的房间里用早餐。到毛主席的卧室坐下后，林一山发现对面坐着江青。当江青问林一山是哪个县的人时，毛主席对江青说：“你们是老乡，你还不知道？他是文登县，在半岛的东边；你是诸城，在半岛的西边，相隔很近嘛！”

早餐后，林一山回到武汉，然后到北京向李葆华汇报了毛主席这次接见的情况，李葆华说：“刚才国务院来了一个文件，你可以看一看。”原来是苏联同意派专家到中国帮助长江流域规划和三峡工程的研究工作，第一批苏联专家共 12 人即将来华。

林一山后来说：“中央此时决定将治江大事提上国家的议事日程，当时对我来说不免有些意外，但也事出必然。1954 年洪水的大破坏，在危急时刻，荆江分洪工程发挥的作用，以及毛主席两次听我汇报，还有我多次送交的汇报信，对中央决心根治长江、开发长江，显然都在发挥作用。”

## 两次会议上的汇报

1956年，毛主席发表了《水调歌头·游泳》。在这之后不久，他在武昌东湖第三次接见了林一山。在此之前，毛主席接见了武汉地区一些有代表性的人物。他一见到林一山，就说："你这个'长江王'来了。"合影留念后，林一山被告知到楼上见毛主席。

林一山来到毛主席的房间，见李先念也在场。这时，毛主席显得很高兴，他对林一山开玩笑说："你看能不能找个人帮我当主席，我给你当助手，帮你修三峡大坝好不好？"李先念也在一旁凑热闹说："这个大坝长我都想当噢！"谈话间，毛主席向林一山透露了一个重要信息：党中央决定修三峡大坝！

这次接见虽然短暂，但毛主席对三峡工程的表态，却非常重要。林一山后来说："毛主席的《水调歌头·游泳》对当时争论中的三峡工程起了推动作用，掀起了全国性的三峡热。"对三峡工程持不同意见的人认为，这只是一首美丽的诗篇，对工程之可否并无实际意义。林一山却不赞成这种说法。他说："只要看看这首诗发表的前后几年间，毛主席一再向我了解有关三峡的情况，就不会同意这种看法。"

1958年1月11日至22日，毛主席在广西主持召开了"南宁会议"。会议开始前，他派飞机把林一山接到南宁。当时，有人向毛主席反映："还有反对上三峡的。"毛主席说："那好，把反对三峡工程的人也接来。"但在南宁会议上，赞成和反对上三峡工程的双方只是分别向会议作汇报，私下里并未交换意见。

会上，林一山遇到的问题，首先是三峡工程的造价问题。会前，他要长办的施工造价人员对造价进行计算，经过仔细推算，估计三峡工程总造价为72亿元，这个数字与美国专家萨凡奇估算的造价相同。当他在会上报出这个数字时，周总理说，如果少装机50万千瓦，50亿够不够？林一山说够。参加会议的其他人员见林一山回答很干脆，估计他还留有很大余地，就问25亿行不行？林一山说那不行。有的人劝他说行，他仍坚持己见。毛主席见林一山坚持50亿的造价，就说："那好吧，就算你说的这个造价，少装机，先把大坝修起来防洪。"接着，毛主席说："你不会在中央决定开工后，又说钱不够了吧？""不会的。""为什么？"毛主席问。林一山回答说："有的单位在造预算的时候压低造价，工程开工之后，再增加投资。长办不会这样，长办预算工程造价的时候，在高低之间，向来就是就高不就低，多报而不少报，以保证工程的顺利完工。现在的这个72亿，就是从原来的折中数160亿逐步减下来的。"毛主席对林一山一方面能如实回答，另一方面又坚持不再任意降价的态度，显然很满意。

1958年夏天，毛主席在武昌东湖主持中央政治局扩大会议。一天拂晓，林一山接到电话，要他向毛主席汇报。他很奇怪：按照习惯，这是毛主席休息的时候，怎么可能听他汇报？当他怀着不解的心情按时到达武昌东湖时，才知道确有其事。他从与会同志的谈话中得知，这天毛主席通宵未眠。大家劝毛主席去休息，他硬是强打精神坚持开会，最后竟在会场上睡着了。为了让毛主席多休息一会儿，大家暂时休会。毛主席醒后让大家回去继续开会。直到中午，毛主席才听取林一山的汇报。这次毛主席询问的主要是有关三峡水库的使用寿命的情况。当时，林一山并未做准备，他只是简单地回答说：“至少可以运行200年到300年。”他这是根据三峡以上干支流在300年内不修建任何水库的情况下做出的估计。毛主席听后，思忖半晌，惋惜地说：“这样大的工程，千年大计的工程，二三百年就淤死了，太可惜了！”

毛主席对三峡水库使用寿命的担心，使林一山首先想到毛主席对三门峡水库的担心。在修建三门峡水库之前，毛主席就说：“你们修水库，可不要修成泥库啊！”可见，这是毛主席特别关心的一个问题。林一山回忆说，20世纪50年代末三峡工程未能上马的原因，除了国家经济困难、中苏关系破裂、对世界战争的考虑所顾忌的工程防护等因素外，还有一个重要因素，那就是水库寿命的问题。1963年，毛主席曾经和王任重谈及这个问题，毛主席对王任重说，三峡工程他不想干了。王任重问：“您对三峡最担心的是不是水库的使用寿命问题?”毛主席回答说是。看到毛主席对这个问题如此重视，林一山回去后马上组织技术人员进行专门研究。1964年夏天，林一山带领一些高级技术人员到东北、内蒙古、西北等地实地考察了十几条河流，调查了水库淤积问题，不到半年时间就取得了突破性成果，随即他向周总理做了口头汇报。后来形成书面材料报给了周总理，1966年由周总理转交给了毛主席。林一山说：“由于黄河流域遇到的问题较多，很早以前，周总理就让我研究黄河问题。经过实地调查，我提出在三门峡水库增设排沙设施的解决方案，这一方案得到周总理的支持，改建成功。三门峡改建完工后，经过几年的调度试验，库区泥沙达到了进出平衡。这为后来兴建的葛洲坝工程做了一次成功的试验，为解决葛洲坝库区泥沙淤积问题提供了可靠的依据。”

毛主席晚年一想起三峡工程，一种遗憾和伤感的情绪便袭上心头。三峡工程从新中国成立伊始，整整努力了二十几年，“截断巫山云雨，高峡出平湖”的宏伟蓝图却迟迟未能实现。毛主席曾长叹一声，伤感地对人说：“将来我死了，三峡修成后，不要忘了在祭文中提到我啊！”

如今，可以告慰毛主席，他的宏伟蓝图已经变为现实。三峡工程正充分发挥着超级综合水利枢纽的作用，造福人民。2020 年 7 月 20 日，三峡工程从容应对，经受住了特大洪峰的“洗礼”。未来，三峡工程将进一步为国家的伟大复兴做奉献。南水北调中线工程也已建成，清澈的江汉水正源源不断地从丹江口水库自流到北方，每天都有 2600 多万立方米的水流入北京。毛主席的功绩已经镌刻在中华大地上，永载史册。

（原载《百年潮》2010 年第 2 期，有修改）

# 聂荣臻与“两弹一星”

20 世纪 60 年代以后，我在新华社任科技记者。在我采访一些著名科学家的时候，时常听他们讲述在聂荣臻元帅的领导下，如何取得了“两弹一星”的重大成就。

1984 年国庆节前后，我接到通知，要我陪同华罗庚教授去聂帅家中看望聂帅，同去的还有当时的国家科委负责人宋健等。那天，在中南海附近的一个院子里，聂帅坐在会客室里等候大家。见面后，他谈笑风生，笑眯眯地回答提问。谈话中，他关切地对华罗庚说：“70 多岁的人了，要多保重啊……”那情景，至今回想起来，记忆犹新。不久，两位老人相继去世。

2010 年 12 月 2 日，在中国科协召开的一次会议上，我遇到了聂帅的女儿聂力大姐。交谈中，我谈到曾想采访聂帅，但始终未能如愿的遗憾。过后，聂力大姐给我提供了许多有关聂帅的资料，帮我实现了这一夙愿。

## 告诉你吧，我是在为虎添翼！

“多年来，父亲有个强烈的愿望，那就是实现科技强国。父亲说：‘我们的军队任何时候都不怕牺牲，正是靠着这种精神，最终打下了天下，但由于武器装备落后于敌人，常常为此付出惨重的代价。’他讲到抗美援朝战争，美国人在飞机、军舰、坦克、大炮等方面，都占有压倒性优势，志愿军是付出了巨大牺牲，才取得胜利的。”聂力说，她记住了那个黄昏，记住了她父亲讲话时的严肃表情。

1956 年 1 月 25 日，毛主席在最高国务会议上说：“我国人民应该有一个远大的规划。要在几十年内，努力改变我国在经济上和科学文化上的落后状态，迅速达到世界上的先进水平。”

聂帅主持科技工作的第一个重大活动，就是参与领导制定 12 年科学规划。

不到半年时间，经过 600 多位科学家的努力和部分苏联专家的帮助，基本上完成了规划的起草工作。

中共中央批准了 12 年科学规划后，在这之后的数十年间，聂帅为了落实这个科学规划，殚精竭虑，辛勤操持。

聂力回忆说：“中国的核武器，在很大程度上是由美国的核武器政策催生的。朝鲜战争中，遭到重创的美国人不断放出风声：要以核打击摧毁中国的军事力量。上世纪 50 年代初，中国领导人总觉得美国的原子弹是罩在中国人头上的一片乌云。”在疯狂的核威胁面前，中国领导人不得不考虑研制自己的原子弹。

“父亲从一开始就积极主张中国应该拥有自己的原子弹。”聂力说。

“1955年7月，中共中央指定陈云、聂荣臻、薄一波组成三人小组，负责指导原子能事业的发展工作。在这之后，父亲开始参与并领导发展核武器的工作。”聂力说。

“1955年10月，钱学森冲破重重阻力回到中国，建议中国研制导弹。”

在这之后，中国研制原子弹、导弹的大幕拉开。

1956年4月18日，聂帅向中共中央、中央军委报告，建议中国政府派代表团赴苏联谈判，谋求苏联在国防新技术装备、实物样品、资料以及技术专家等方面给予技术援助。据聂力回忆：

> 1957年9月7日，以我父亲聂荣臻为团长的中国政府工业代表团（由于国防新技术保密，因此代表团以此命名）乘坐一架苏制伊尔-18专机，从北京南苑机场起飞，赴苏联谈判，我也一同前往。途中，父亲问钱学森：“造苏联的P2导弹，你有把握吗？”钱学森说：“就看这次去苏联的结果了，只要他们肯提供有关的设备和火箭样品，保证能行！”
>
> “你觉得还有什么困难吗？”父亲问。
>
> 钱学森想了一下，说：“不是有一句谚语‘困难就像老鼠，听见脚步声就吓跑了’吗？”

说完，两人就哈哈大笑起来。

父亲又问钱学森：“如果没有外援，可以在七八年内研制出像美国‘诚实约翰’一类的无控制火箭，那如果能争取到苏联的帮助，能否提前造出比‘诚实约翰’性能更先进的火箭来?”“也许不用5年。在元帅的领导下，大家干劲十足哟!”钱学森回答说。

聂帅一行到达苏联后，经过35天的艰苦谈判，签订了中苏两国《国防新技术协定》。按照协定，苏联答应在原子能工业、导弹、火箭武器、航空新技术以及导弹和核试验基地等诸方面援助中国。但是随着形势的变化，苏联这些承诺最后没有全部兑现，事实上中断了。

## 你们什么时候成功，我什么时候离开

1961年夏天，在北戴河召开的国防工业委员会工作会议上，关于“两弹”的争论达到了高潮。主张把“两弹”研制工作下马的同志强调苏联援助没有了；导弹、原子弹技术高度复杂，依靠我国尚不发达的工业和科技力量，很难造出“两弹”；花钱太多，主张把有限的钱用到常规武器上，说什么“你打你的原子弹，我打我的手榴弹”。聂帅坚决反对“两弹”下马，他把“两弹”看成是“命根子”——国家的“命根子”。那些日子，面对激烈的争论，聂帅不断找人谈话，研究调查的结果，更坚定了继续领导研制“两弹”的信心和决心。

1961年8月20日，聂帅签发了《导弹、原子弹应坚持攻关的报告》，直接上报毛主席。报告说，争取3年至5年或更长一些时间突破国防尖端技术是有条件、有信心的。这个报告进一步增强和坚定了中央领导同志的信心，毛主席和中央有关领导都圈阅同意。

事情定下来后，聂帅仍然有点不踏实，他把当时有关方面的负责人张爱萍、刘西尧、刘杰等请来，请他们到有关单位调查研究。张爱萍等人都是坚决主张研制尖端武器的，张爱萍有一句名言："再穷也要有一根打狗棍!"经过深入的调研后，这年11月14日，张爱萍等人给聂帅以及中央军委有关领导报告说："经过近一个月的仔细调查研究，我们认为：两三年内，最迟在1964年，实现我国第一颗原子弹的爆炸是可能的。"这份文件一直在毛主席手上存放到1962年12月27日，没有人知道在这一年多的时间里，他究竟看了多少遍，但从前一页半上那用笔画下的一道道红色、蓝色的标记看，毛主席对这件事是多么的关切和重视。

聂帅之所以坚持"两弹"的研制不能下马，还有一个重要原因，就是他晚年回忆"两弹一星"研制工作时提到的"两个相信"：一是相信中国人的聪明才智，二是相信中国大多数知识分子是爱国的。钱学森就是一个很明显的例子。

聂力回忆，她曾经听父亲说过，钱学森刚回国的时候，周总理曾嘱咐父亲：要好好对待钱学森。周总理说，科学家是我们国家的精华，钱学森是科学家的一个代表。聂帅一直记着周总理的这句话，从不敢怠慢，他对钱学森非常关心，无论是工作还是生活，都为钱学森考虑得很周到。聂帅要求五院（即导弹研究院）的领导，工作上给钱学森提供最方便的条件，在安全上也要积极采取严格措施。并规定，没有他的批准，钱学森不得乘坐飞机。在业务技术上，聂帅极为尊重钱学森的意见，每次执行任务的时候，聂帅就打电话给他，说：“钱学森哪，这次试验任务你到靶场去，有关技术上的问题由你来决定，你们准备好了，觉得可以发射了，打个电话报告我就行了。”

自回国后，钱学森的住处始终未变，不知道有多少人劝他搬到新房子里住，他就是不肯。很久以后，钱学森对人说：“我住在这老房子里不愿搬家，是因为这是聂老总亲自分配给我的，它使我常常想起当年的科研工作，想起聂老总对我的关怀……”

聂帅90岁生日的时候，钱学森在给聂帅的贺信中说：“是您协助周恩来总理在社会主义中国创立了现代高技术，也就是尖端技术，从研究、设计、试制直到定型生产的一整套组织管理的制度和方法。我想这是把40年代后期中国人民解放军大兵团作战的经验运用到现代大科学的工作上来了。这一整套组织管理的制度和方法不仅是科学的，而且也是结合我国实际的、是社会主义的。”

1964年10月16日，中国第一颗原子弹爆炸成功后，西方一些军事情报部门认为爆炸的不过是个原子装置，美国国防部长甚至断言：中国5年内不会有原子弹的运载工具。有西方记者说：中国是“有弹没枪”。然而，美国等西方国家又一次低估了中国人的能力，他们绝对没有想到，中国早在原子弹试验成功前的三个月，就已经有了中近程弹道导弹。对于导弹，聂帅倾注了更多的心血。1960年，五院成功仿制了苏联提供的、射程为590公里的近程导弹，这就是“东风一号”。

“东风一号”导弹虽然是按照苏联图纸制造的，但是所用的材料全部是国产的，这是中国有史以来第一次发射导弹，聂帅非常重视，亲自赶到第一线指挥。他于1960年11月4日到达酒泉发射基地。他抚摸着那枚代号为“1059”的导弹墨绿色弹体，叮嘱道：“这是一枚争气弹，一定要打好!”11月5日清晨，聂帅在张爱萍、赵尔陆、钱学森等人的陪同下，来到距离发射阵地5公里的指挥所。9时整，随着一声巨响，大地颤抖起来，10分钟后，导弹准确地命中550公里外的预定目标区。这是苏联单方面撕毁中苏《国防新技术协定》后，在天灾人祸面前，中国人民在国防科技方面取得的第一个重大成就。当天晚上，在简陋的基地食堂内，聂帅向基地的工程技术人员和干部们敬酒表示祝贺。他说：在祖国的地平线上，第一次飞起了我国自己制造的导弹……这是我国军事装备史上的一个重要转折点。后来，我国又成功试射了两次“东风一号”，都获得成功，这标志着中国已经初步掌握了导弹制造技术。

一年零四个月后，五院自行设计的中近程导弹生产了样品，这种射程为1200公里至1500公里的导弹，被命名为“东风二号”。谁知意外的事情发生了，导弹起飞后，仅仅飞行了69秒就坠毁了。

“聂老总，我们没有干好，对不起国家!”钱学森难过地说。

“这次没有干好，下一次会干好的，我相信你们!”聂帅对钱学森等人说。他还说，失败了，要重在总结经验教训，不要追究责任。他还重申，技术上由钱学森当家。钱学森听后很感动，他意识到自己的担子更重了。

重新修改设计后的“东风二号”导弹，经过17项大型的地面试验，105次发动机试车，于1964年6月29日全程试射成功。后来，又连续发射了两次，均获得圆满成功。在此之后，钱学森见到聂帅时，高兴地说：如果说，两年前我们还是小学生的话，现在至少已经是中学生了。

装到导弹上的核弹头，比起核航弹来说，体积和重量都要大大缩小，在环境条件方面，要求也更加复杂苛刻，研制难度很大。聂帅提议这项工作由钱学森、钱三强共同主持。经过二机部（即核工业部）和七机部（即机械工业部）科学家的共同努力，仅仅用了一年多时间，就解决了导弹和核弹头结合的问题。这中间聂帅做了多方面的协调工作。

核导弹虽然研制出来了，但要作为一种武器，还必须经过试验，就是说要引进“两弹结合”的实弹试验，而这种试验危险性太大，稍有不慎，打偏了，后果不堪设想。最后，聂帅决定到现场主持试验。周总理对此非常满意，高兴地说，有聂老总亲自去主持，我们就放心了。

1966年10月20日，在人民大会堂福建厅，周总理主持召开了最后一次中央专委会议，在讲了上述一番话后，他说：精神的原子弹转化为物质的原子弹，物质的原子弹证明精神原子弹的威力。聂帅记住了这句话，在以后的岁月里，他多次提起这句话。他说，周总理总结得太好了。

这年 10 月 24 日，聂帅去钓鱼台向毛主席汇报了试验的准备工作。当他汇报到“两弹结合”试验的准备工作已经就绪时，毛主席高兴地说：谁说我们中国搞不出导弹、核武器？现在不是搞出来了吗？

最后，毛主席批准了这次试验，同意聂帅到现场主持。他还特别关照说：这次试验可能打胜仗，也可能打败仗，失败了也不要紧。

1966 年 10 月 25 日上午，聂帅从北京西郊机场飞往酒泉导弹试验基地，这时，他已经是 67 岁的老人。到了现场，聂帅仔细地检查相关工作的准备情况。

这天下午，聂帅批准把核弹头运到导弹发射阵地进行对接和通电试验，他来到导弹发射架下亲自坐镇指挥。“两弹”对接、通电，是最危险的工作，人们劝他离开，他却拉来一把椅子坐下，说：“你们不怕危险，我有什么可怕的？你们什么时候对接、通电成功，我什么时候离开。”

他的话极大地鼓舞了在场的人们，整个对接、通电工作很成功。随后，他在导弹发射架下与大家合影留念。

又过了十几个小时，聂帅来到发射场附近的指挥所现场指挥，一切准备就绪后，他突然接到远在新疆的核试验基地报告：核导弹的预定弹着区 3000 米高空出现了一股 6 级至 7 级的强风。

强风会不会使导弹核武器偏离弹着点？是按时发射，还是推迟发射？他打电话请示了周总理。

“一切由你在现场决定！”周总理果断地说。

这时离预定的发射时间还有十几分钟，现场所有人的目光都集中在聂帅身上，寂静的大厅里，只有倒计时数的闪光亮点，在仪器上不停地闪烁。聂帅与在场的专家们紧急研究后，得出的结论是：影响不大。他又接通了周总理的电话，陈述了按原定计划发射的理由，周总理表示同意。惊心动魄的时刻到来了。9 时整，核导弹喷射着橙黄色的火焰，伴随着巨大的轰鸣声拔地而起，渐渐消失在天边。不久，从罗布泊的弹着区传来消息：核导弹用 9 分 14 秒时间命中目标，在预定的高度实现核爆炸。这次发射的成功，在中国国防科研和建军史上，具有划时代的意义。

事后，聂帅在给毛主席、周总理的报告中说：“在自己国土上用导弹进行核试验，并且一次就百分之百地成功，这在国际上是一个重大创举……从第一次核爆炸到小型化核弹头，美国用了 13 年（1945 年至 1958 年），苏联用了 6 年（1949 年至 1955 年），我们只用了 2 年。”

“两弹”结合试验的成功，标志着我国有了可以用于实战的导弹核武器，就在这一年，我国组建了战略导弹部队——第二炮兵。

在“两弹”研究秘密进行的同时，中国的氢弹研究工作也在夜以继日地进行。1966 年 12 月 28 日 12 时整，中国成功爆炸了一颗氢弹装置。

## 蓝天上的“中国星”

20 世纪 50 年代末，中国的原子弹、导弹的研制还在起步阶段时，卫星就被提上了议事日程。这主要取决于毛主席的决心。

1957年10月4日，苏联用运载火箭把一颗重184磅、名为“伴侣一号”的金属球送入了距地球表面一定高度的轨道。这是人类向太空发射的第一颗人造卫星。苏联卫星上天后不久，毛主席赴莫斯科参加各国共产党和工人党代表会议，他在机场发表了热情洋溢的讲话，祝贺这项伟大成就。11月2日，苏联第二颗卫星又上了天，当时，毛主席还在莫斯科，他对赫鲁晓夫说：“好，你们又一颗卫星上了天，真了不起！美国吹得神乎其神，为什么连一个山药蛋都没抛上去呢？这个意义很大，说明了社会主义制度的优越性。”直到1958年1月，美国才发射了第一颗人造卫星。

1958年5月17日，毛主席在中共八大二次会议上说，我们也要搞人造卫星。他还说，我们要抛就抛大的，也许要从较小的抛起，但像美国那只有鸡蛋大的，我们不抛。

毛主席发话了，聂帅作为主管全国科技工作的副总理，就得抓紧落实。中共八大二次会议刚结束，聂帅便召集会议，听取钱学森关于探空火箭、人造地球卫星、洲际导弹的研发报告，协调五院与中科院的分工。讨论中，钱学森提出研制卫星分三步走：第一步研制探空火箭；第二步用中远程火箭发射一颗卫星；第三步以原子能为动力的火箭，发射性能更先进、更重、更大的卫星。对于这个设想，聂帅积极支持，按照他的要求，这年8月份，中科院成立了“581小组”，负责协调和计划研制人造地球卫星的工作。所谓“581”，表示研制卫星是中科院1958年的头号任务，由钱学森任组长，赵九章、卫一清任副组长。这年8月20日，由聂帅签署的《关于12年科学规划执行情况的检查报告》，向中共中央正式提出研制人造地球卫星的建议。

从此以后，中科院加快了成立卫星运载火箭及总体设计院的工作。同年11月，经聂帅批准，这个设计院迁往上海，组建起了中科院上海机电设计院，专门从事人造卫星的研制工作。1960年2月，上海机电设计院自行研制成功“T-7M”型液体燃料探空火箭，这是中国人自行研制出的第一枚探空火箭。这年4月18日，聂帅在张劲夫、郭沫若、钱学森等人的陪同下，冒雨观摩了“T-7M”型液体燃料探空火箭的热试车，他对研制火箭发动机的专家们给予了热情鼓励。

5个月以后，重量达1138公斤、飞行高度为60公里、携带25公斤气象探测仪器的第一枚“T-7M”型高空气象火箭，在安徽广德县山区发射成功，这是中国人在人造卫星研制中取得的第一个重要成就。后来，由于经济困难，苏联单方面撕毁协议，在国防尖端研究项目缩短战线的政策调整中，中国的卫星研究渐渐淡出了人们的视野。此后，随着中国的地对地弹道导弹、原子弹先后研制成功，沉默许久的卫星又提上了议事日程。

1965年初，著名地球物理学家赵九章向周总理递交了一份关于尽快规划中国人造地球卫星的建议，引起周总理的关注。差不多同时，钱学森也写了一份建议书。他认为，人造卫星应该重新上马。1965年初，聂帅看了钱学森的建议后，做了如下批示：“我国导弹必须有步骤地向远程、洲际和人造卫星发展，这点我一直很明确……我意请张爱萍邀请钱学森、张劲夫等有关同志及部门座谈一下，只要力量上有可能，就要积极去搞……”根据聂帅的意见，国防科学技术委员会（简称“国防科委”）对研制卫星进行了可行性论证，并将论证结果报告给中央专委。

这年5月，中央军委批准了国防科委的报告，随即将研制卫星列入国家计划。在这之后，聂帅进行了各种组织协调工作，第一颗人造卫星进入工程研制阶段后，中央专门委员会（简称“中央专委”）决定将其命名为“东方红一号”，代号为“651”任务。卫星上马后不久，“文化大革命”开始，这项工程的进展受到极大的干扰。聂帅那时候紧盯着“两弹结合”试验，盯着氢弹，他还盯着核潜艇和卫星。

有一次在视察完马兰核试验基地的卫星后，聂帅飞往酒泉，同导弹试验基地的负责人商量卫星的事情。聂帅说，现在科研机关和北京的研究院都乱了，为了不影响卫星的发射试验进度，卫星地面观测站的筹建工作要交给你们基地管。那位负责人听了，表示有难处。钱学森说：科学院的人现在正忙于搞“文化大革命”运动，北京没有办法安安静静地搞，按照目前的这个样子，恐怕一年半载都难以走上正轨。聂帅说，不管遇到多大的困难，我们的人造卫星发射试验一定要如期进行。

在这之后，东风导弹试验基地成立了卫星测量部，统一负责全国卫星观测站的规划、建设以及建后的使用管理。这样，从事卫星测控研究和从事火箭、导弹靶场测控工作的两支队伍汇集在一起，在混乱的年代里开始了卫星测控网的建设。为了减少“文化大革命”对国防尖端科研项目的冲击，1967年3月，聂帅建议中科院承担的国防科研任务和机构，由国防科委实行军事接管。这个建议得到毛主席的批准，正是这个决定，使我国的卫星研制工作在混乱的年代中得以坚持下来。1970 年 4 月 24 日，重达 173 公斤的“东方红一号”卫星发射升空，中国成为世界上第五个成功发射卫星的国家。

聂力说：“有天晚上，天空晴朗，我陪同父亲在院子里散步。仰望着从北京上空划过的‘东方红一号’，父亲喃喃地说：‘这颗卫星，本来可以早一点上天的……’”

（原载《百年潮》2011 年第 10 期，有修改）

# 中国导弹之父——钱学森

钱学森

20 世纪 80 年代的一天，当时的国家科教委负责人宋健对我说："你写的《华罗庚传》，我们都看了，觉得很好，我建议你再写写钱学森……”

过后，我在国防科工委的一个办公室里采访了钱学森教授，那天早晨，钱学森身穿绿色的戎装，热情地接待了我。谈到为他写书的时候，他很谦虚，他笑着对我说：“既然是宋健建议，那你就找宋健吧!”不过，钱学森教授及他身边的人还是向我提供了大量材料，使我完成了这一夙愿。

## 远渡重洋，心系祖国

钱学森，力学家。祖籍浙江杭州。1911 年出生。

1934 年从交通大学毕业后，去美国留学。在那里，他曾先后担任加州理工学院航空系主力研究员、麻省理工学院教授等。1955 年回到祖国，先后在国防部五院、中科院力学所、国防科工委任负责人。

钱学森在超声速及跨声速气动力学、薄壳稳定理论、工程控制论、物理力学、航空技术、系统工程等方面，都有很深的造诣和卓越成就。他是流体力学的开创者之一，也是现代航空科学及火箭技术的先驱、工程控制论的创始人。他为新中国的导弹、航天事业做出了杰出贡献。

1911 年 12 月 11 日，钱学森出生在上海。他在 3 岁的时候，随父亲到北京进入幼儿园。年纪稍长，到女子师范大学附属小学、师范大学附属小学和师大附中读书。中学毕业后，考入交通大学机械工程系。1934 年夏天，他从交通大学机械工程系铁道机械工程专业毕业。尔后，考取了清华大学公费留学。

1935 年 8 月的一天，他从上海乘坐美国邮船公司的轮船远渡重洋到达美国。在波士顿的查尔斯河畔坐落着美国两所著名的大学——哈佛大学和麻省理工学院。24 岁的钱学森进入麻省理工学院航空系读书，他的成绩比同班同学都要好。当时，美国的飞机制造厂不欢迎中国人，而航空系的学生又必须到工厂边实践边学习。因此，钱学森转学航空工程理论——应用力学。1936 年 10 月，他离开波士顿，转学进入加州理工学院。在这里，他结识了蜚声国际的著名力学家冯·卡门教授。钱学森和冯·卡门初次相识，便给这位著名力学家留下了深刻印象。冯·卡门对这位“个子不高、表情严肃的年轻人”能够非常准确地回答教授的提问很惊讶，对钱学森的“思维敏捷和富于智慧”很赞赏。在相处的日子里，冯·卡门教钱学森如何从工程实践中提取理论研究课题，又怎样反过来把理论应用到工程的实践中去。每个星期，钱学森都参加一次由冯·卡门教授主持的研讨会，这使本来就很聪明的钱学森更加富于创造性的思维。

在加州理工学院，钱学森还结识了一位名叫 F. J. 马林纳的同学。马林纳酷爱钻研火箭技术，成为钱学森的挚友。

1939 年 6 月，钱学森在加州理工学院完成了博士论文答辩，论文的题目是《高速气动力学问题的研究》。他在获得航空和数学博士学位以后，担任了加州理工学院航空系的助理研究员。在这段时间里，他主要从事薄壳体稳定性的研究，成为冯·卡门教授的得力助手。

1939 年前后，美国空军开始支持火箭的科学研究。1942 年，美国军方委托加州理工学院开办了喷气技术训练班，钱学森成为训练班的教员。第二次世界大战中，德国研制 V－2 火箭的情报传到美国，美国陆军委托冯·卡门教授组成研究机构，积极从事远程火箭的研究，由钱学森负责的理论研究组，林家翘、钱伟长都参加了。这个理论组的研究内容包括弹道分析、燃烧室热传导、燃烧理论的研究等。同时，他还担任了航空喷气公司的技术顾问。这时，钱学森被提升为加州理工学院讲师。1945 年，冯·卡门被聘担任美国空军科学咨询团团长，他提名钱学森为该团的团员。在这期间，钱学森晋升为加州理工学院副教授。由于他对近代力学和喷气推进技术的卓越研究，成为国际上有名望的优秀青年科学家。

“他在许多数学问题上和我一起工作。我发现他非常富有想象力，他具有天赋的数学才智，能成功地把它与准确洞察自然现象中心物理图像的非凡能力结合在一起。”冯·卡门说。

1946 年夏天，钱学森离开加州理工学院，重返波士顿，到麻省理工学院任副教授，专门从事空气动力学专业研究生的教学工作。翌年年初，他晋升为麻省理工学院正教授，这时，他只有 36 岁。这年夏天，他回国探亲时与女高音声乐家蒋英结为伉俪。蒋英和钱学森相伴 62 年。少年时，他们曾合唱过一首《燕双飞》歌曲，他们一起经历苦难，一起经历荣耀，在漫长的人生旅途中渐渐老去……

1949 年 5 月 20 日，钱学森在美国收到了芝加哥大学金属研究所副教授研究员、留美中国科学工作者协会美中区负责人葛庭燧的一封信。他在信中转达了祖国殷切希望钱学森回国领导创建航空工业的盛意。同时，他还看到了周培源写给林家翘的信，信中叙述了北平西郊解放时的情景。这时，钱学森感到自己多年来报效祖国的美好愿望就要实现了。从此以后，他归心似箭。

可是，由于当时中国和美国的关系不好，他的这一愿望迟迟难以实现。从1950年到1955年，在长达5年的时间里，他因受到监视，很少参加学术活动和社会活动，但他却始终没有放弃科学研究。1954年，他在美国出版了《工程控制论》一书，发表了讲授力学工作介质物理性质的理论——物理力学。

经过一番周折，他和他的一家人终于实现了归国的愿望。一天，他和夫人蒋英领着两个幼小的孩子向冯·卡门教授辞行时，冯·卡门教授激动地对钱学森说："在学术上，现在你已经超过了我！"

许多年以后，回忆在美国逗留的经历，钱学森讲过这样一番话，他说："我从1935年去美国，1955年回国，在美国待了20年。20年中，前三四年是学习，后十几年是工作，所有这一切都在做准备，为了回到祖国后能为人民做点事。我在美国那么长时间，从来没想过这一辈子要在那里待下去。我这么说是有根据的。因为在美国，一个人参加工作，总要把他的一部分收入存入保险公司，以备晚年退休之后用。在美国期间，有人好几次问我存了保险金没有，我说一块美元也不存，他们感到很奇怪。其实，没什么奇怪的。因为我是中国人，根本不打算在美国住一辈子。"

## 冲破藩篱归故国

1955 年 9 月 17 日，钱学森教授冲破了重重阻挠，携妻子蒋英和幼儿钱永刚、幼女钱永真，从美国的洛杉矶踏上“克利夫兰总统号”邮船回到了日夜思念的祖国。

钱学森与妻子、孩子的合照

1956年1月初，春天快来临时，钱学森应邀出席了中国人民政治协商会议第二届全国委员会第二次全体会议，并且在会上讲了话。

这年的2月1日晚上，毛泽东主席设宴招待全体政协委员时，和钱学森坐在一起，并同他进行了亲切的谈话。从这以后，钱学森教授便全身心地投入创建新中国火箭导弹和航天事业的艰巨而又伟大的开创性工作之中。

“外国人能干的，中国人为什么不能干?”钱学森不止一次这样说。

远古以来，人类就梦想能够离开地球到太空遨游。我们的祖先，为了上天，编织了许多美丽动人的神话，例如，传诵不衰的《嫦娥奔月》等;《山海经》《帝王世纪》等书中也记载了“飞人”“飞车”;等等。传说14世纪末期有位名叫万户的学者，有一天，竟异想天开地把几十支火箭捆在椅子的后面，自己坐在椅子上，手里拿着两个大风筝，让人把背后的火箭点燃，想让自己飞上蓝天。当然，万户的试验失败了。可是，他的勇于探索的精神，却给人们留下了不尽的遐想。

我国古代在火药、火箭技术方面，与世界各国相比，是遥遥领先的。13世纪以后，随着商船的往来和蒙古铁骑的西征，火药、火箭技术渐渐传入欧洲。到了20世纪初期，在欧美各国科学家的努力下，现代火箭技术在理论上有了重大的突破。20世纪30年代，德国的火箭技术从原理性研究转入工程研制。1942年10月，德国成功发射世界上第一枚弹道式导弹（V-2导弹，射程260公里）。第二次世界大战后，美国、苏联从德国获得了大量的导弹资料、实物、设备和一批工程技术人员，这些国家借鉴了德国在导弹设计、试制和试验方面的经验，很快便建立起了自己的导弹、火箭工业。

正当苏联、美国在大力发展导弹、火箭技术的时候，连年战乱的旧中国，民不聊生，根本谈不上发展火箭和导弹这种尖端科学技术。因此，直到钱学森回国的时候，我国在这方面的科学研究还完全是一张白纸。

中国的火箭喷气技术，也就是导弹技术，是钱学森首先提出来的。他在担任中国科学院力学研究所所长时，亲自起草并制定了关于火箭喷气技术，也就是导弹技术的发展计划。

当时的中科院院长郭沫若看后诗兴大发，欣然挥毫，赋诗一首："赠钱学森——大火无心天外流，望楼几见月当头。太平洋上风涛险，西子湖畔数风流。冲破藩篱归故国，参加规划献鸿猷。从兹十二年间事，跨箭相期天际游。"

"中国人依靠自己的力量能造出火箭、导弹来吗？"有一天，刚回国不久的钱学森到哈尔滨军工学院参观，院长陈赓大将问他说。

"我是要建议我们国家搞导弹，这是很重要的军事武器，将来一定要大发展。"钱学森说。

这个建议送到党中央后，毛主席和周总理很重视。周总理让时任国防部长彭德怀邀请在北京的几位元帅，讨论钱学森的建议，所有的元帅都很赞成。于是，党中央决定采纳钱学森的建议。

## 跨箭相期天际游

不久，中国人研制导弹的宏伟计划开始了。

1956 年春天，周恩来总理、聂荣臻元帅曾经多次和钱学森等科学家一起，共商发展火箭、导弹技术的大计。这年 4 月里的一天，周总理亲自主持中央军委开会，专门听取了钱学森关于在我国发展导弹技术的规划设想。随后，正式决定在我国进行导弹研制工作。

这一年的春天，我国第一个 10 年科学技术发展远景规划纲要诞生。其中，由钱学森主持完成的“喷气和火箭技术的建立”规划，提出要在 12 年内使我国的喷气和火箭技术接近世界先进水平。

1956 年 10 月 8 日，正好是钱学森回国一周年的日子，由钱学森担任院长的我国第一个火箭、导弹研究院——国防部第五研究院正式成立，聂荣臻元帅亲自主持了成立大会。会后，156 位年轻的大学生济济一堂，聚精会神地聆听钱学森教授讲的难忘的一课“导弹概论”。

这一天，课堂上鸦雀无声。钱学森教授精神焕发地侃侃而谈，他为自己能亲自给新中国第一批即将从事火箭和导弹研制工作的年轻人讲授这门崭新的科学而无比自豪。后来，这些大学生都成为我国火箭、导弹与航天部门的研究骨干。

两年以后的一个春日，聂荣臻元帅同黄克诚、钱学森一道，部署了我国第一枚近程导弹的制造工作。经过成千上万科技人员的共同努力，1960 年 11 月 5 日，我国第一枚近程导弹，一举发射成功。这天，聂荣臻元帅亲赴发射试验场，指挥了这次试验。试验成功后，聂荣臻元帅和陈毅元帅、钱学森教授等共同举杯祝贺，聂帅高兴地在庆祝宴会上祝酒说：“在祖国的地平线上，飞起了我国自己制造的第一枚导弹，这是我国军事装备史上一个重要的转折点。”

“你们把导弹、原子弹搞出来了，我的腰杆就硬了。”国务院副总理兼外交部长陈毅元帅风趣地说。

在这之后，我国的导弹便从仿制转向自行研制阶段，国家决定首先研制中近程导弹。接受任务后，钱学森领导的国防部五院的全体人员以高昂的爱国热忱，投入了工作。他们在“为国争气”的口号鼓舞下，日夜奋战，仅用了一年多时间，就把首批进行发射试验的火箭试制出来了。不幸的是，我国自行设计的第一枚火箭进行首次飞行试验时，因控制系统失稳和发动机起火，火箭坠毁在发射台附近。全体参试人员大为震惊，感到万分痛惜。

“不要追查责任，吃一堑，长一智。”聂荣臻元帅说。

我国第一枚导弹的射程太短，不能用来发射原子弹、氢弹，钱学森又提出，一定要研制高能燃料，加大导弹的推力和速度，它的推力大，导弹的温度相对也高，这就需要研制耐高温材料。经过认真总结经验，实行全国大协作，1964 年6 月29 日，我国第一枚自行设计的中近程导弹飞行试验终于获得成功。两年以后的 10 月 27 日，遵照周总理“严肃认真，周到细致，稳妥可靠，万无一失”的指示，钱学森又协助聂荣臻元帅，在我国西部的酒泉发射场直接领导了用中近程导弹运载原子弹的“两弹结合”的飞行试验，导弹飞行正常，原子弹在预定的距离和高度实现了核爆炸。

这是一次十分重要的试验，这次试验的成功，标志着中国开始有了用于自卫的导弹核武器。

1961 年 4 月里的一天，苏联宇航员加加林首次进入太空，标志着人类进行星际旅行的开始。我国科学家也在密切地关注着世界上空间技术的新发展。20 世纪 50 年代初期，钱学森就着手从事星际航行理论的可行性研究。1958 年，中国科学院成立了以钱学森为组长、赵九章和卫一清为副组长的领导小组，负责筹建人造卫星、运载火箭以及卫星探测仪器和空间物理的设计、研究机构。从 1961 年 6 月开始，在钱学森和赵九章等科学家的倡导下，中国科学院接连举办了 12 次星际航行座谈会。各种学科的许多著名学者和中青年科学家参加了座谈和学习，后来，他们当中的许多人成了我国从事航天科学研究的骨干。紧接着，中国科学院成立了星际航行委员会，钱学森、赵九章等科学家经过细致认真的反复研究，制定了我国第一个星际航行的发展规划。

1965 年 1 月 8 日，钱学森正式向国家提出报告，建议早日制订我国人造卫星的研究计划。4 月 29 日，国防科委邀请中科院负责人张劲夫，以及钱学森等著名专家进行研究，向中央专委提出了在 1970 年或 1971 年发射重量为 100 公斤左右的中国第一颗人造地球卫星的设想，后来，中央专委批准了这个设想。在第一颗人造卫星的运载火箭“长征一号”试制过程中，钱学森多次亲临现场，带领科技人员解决了许多重大的关键技术问题。

1970年4月24日，我国第一颗人造地球卫星一举发射成功。“五一”节晚上，当这颗重量为173公斤的卫星不断地向地球和太空播送《东方红》乐曲的时候，毛主席和周总理在天安门城楼上非常高兴地接见了钱学森。钱学森回国后，曾多次见到毛主席，这天，他兴奋地登上天安门城楼，入座后，对毛主席讲述了卫星的研制工作。这天，毛主席还接见了参加第一颗卫星工程研制工作的科学家代表。

作为航天科学的先驱和杰出代表，钱学森是当之无愧的。为了表彰他在航天科学方面的杰出贡献，国内外多次对他的功绩给予了肯定。他早年留学和工作过的美国加州理工学院，授予他“杰出校友奖”。1985年，为了表彰他对发展我国的战略导弹技术所做的卓越贡献，钱学森成为我国全国科技进步特等奖的第一获奖人。1989年6月29日，在美国纽约召开的国际技术与技术交流大会上，与会科学家一致决定授予钱学森教授“威拉德·W. F. 小罗克韦尔奖章”和“世界级科学与工程名人”、“国际理工研究所名誉成员”称号。外国科学家们称赞他“在有关火箭设计的研究工作中，为发展喷气推进引入了‘钱学森公式’”。

钱学森教授作为中国火箭和航天计划技术领导者，对航天技术、系统科学和系统工程做出了卓越贡献，是人们公认的中国航天科学的奠基者和先驱。多年来，他共发表了7部专著和300多篇论文。其中，他用英文发表的《工程控制论》，已被译成中文、俄文、德文，为各国科学家多次引用和参考。

回忆自己的人生旅程，钱学森教授真诚地讲过这样一番语重心长的话，他说：“我作为一名中国的科技工作者，活着的目的就是为人民服务。如果人民最后对我的一生所做的工作表示满意的话，那才是最高的奖赏。”

（原载《当代中国科学家》，中国福利会出版社2009年版，有修改）

# 钱三强与中国的核科学

在中国的核科学发展史上，钱三强的名字熠熠闪光，称他为中国核科学事业的奠基人和开拓者，并不为过，即使在国外，他的成就也广为人知。20 世纪 80 年代以来，我曾多次采访过钱三强和他的学生、助手们，下面记述的就是有关他的一些往事。

## 我只是一名普通战士

2003 年 8 月 6 日，俄罗斯《新闻日报》发表一篇题为《原子能问题是如何破坏中苏友谊的》的文章。文章说："还在 1949 年春，即中华人民共和国成立半年前，中共领导人就派了物理学家钱三强前往欧洲参加和平大会。此行的目的是为了购置现代物理研究所所必需的资料和设备。"还说，在法国科学家弗雷德里克 · 约里奥 – 居里的帮助下，这一目的达到了。1954 年 10 月，在赫鲁晓夫访华期间，毛主席第一次提出请莫斯科帮助中国制造核武器。赫鲁晓夫没有做出任何承诺，并劝说毛主席放弃这一不切实际的计划，因为中国不具备相应的工业基础和经济实力……

那么中国核计划是怎样在极其困难的情况下，快速发展起来的呢？从当时领导研制中国“两弹”的著名物理学家钱三强教授的非凡经历中，也许能找到一些答案。

钱三强曾担任中国科学院副院长，同时兼任核工业部副部长。他虽然身居要职，却十分平易近人。20 世纪八九十年代，我任新华社记者，经常出入他的办公室，他给我的印象是，为人俭朴，讲话幽默，爱开玩笑。因而我这个晚辈记者对他讲话也很随便。

“三强同志，人们都说您是中国的原子弹之父，是这样吗？”有一天，我问他。

“噢，话不能这么说——”他听了后，慢条斯理地笑着对我说。说完，他又憨厚地笑笑说：“我国发展原子能事业是比较快的，外国从原子弹到氢弹，一般要花 4 至 7 年时间，而我们只花了 2 年多时间。我们之所以能赢得这样快的速度，这不是哪一个人的功劳，更不是我个人的功劳，而是在毛主席、周总理、聂荣臻同志的亲切关怀下，在广大科技人员、干部、解放军战士和工人的大力协作下取得的，我只是在自己的岗位上，像一名普通战士那样，做了自己应该做的工作。”

其实，中国这个震惊世界的成就，和钱三强有着密切的关系。

## 怎样才能为国家争口气?

钱三强出生在浙江绍兴的外婆家中。他家上两代一门五人分别是中国近百年来杰出的文学家、教育家和外交家，是名不虚传的“钱氏一门俊秀”。绍兴出过许多仁人志士，钱三强孩提时代，他父母给他讲过鉴湖女侠秋瑾的故事。长大后，钱三强逐渐懂得了中国人受气的根本原因：落后的封建制度、落后的工业和落后的科学技术。

考入清华大学物理系以后，在求学的年代，钱三强每年都要参加几次学校举办的国耻纪念日：“九一八”“一・二八”……

国家的现实促使他思考这样一些问题：“中国人为什么总是受气?”“中国人真的不行吗?”“怎样才能为国家争口气?”

四年的大学生活结束后，钱三强进入北平研究院物理研究所工作。他在所长、著名物理学家严济慈的指导下，从事铷分子光谱的研究工作。

1937 年春季的一天，钱三强正在图书馆里看书，严济慈教授走来对他说：“听说你在中学学过法语，现在还记得吗?”“忘了不少，查着字典还可以看看文献。”“那好，我来考考你的法文程度。”说完，严济慈顺手从书架上拿了一本法文杂志，让钱三强念了一段，然后让他译成中文。

“还行啊，你把手头的工作放一放，准备留学考试吧!”

就这样，钱三强考取了中法教育基金委员会留法公费生的“镭学”名额。24 岁的钱三强就这样乘船去了法国。

1937 年冬，钱三强到达巴黎。正在巴黎考察光学食品制造的严济慈教授，亲自带他到巴黎大学镭学研究所会见了约里奥 - 居里夫人。钱三强深知留学的机会来之不易，在这里他非常勤奋地学习与工作。那时，除了受难的祖国时时牵动着他的心外，他把全部时间和精力都用在了做核物理实验上。

钱三强到约里奥 - 居里夫人的实验室不久，约里奥 - 居里夫人和南斯拉夫科学家萨维奇合作，发现铀和钍受中子打击后，生成一种像镧的放射性元素。法国科学家哈恩和斯特拉斯曼也发现铀和钍受中子打击后，生成一种非常像钡的元素。这些实验结果说明，铀和钍受中子打击后，可以分裂成两个质量差不多的原子核。这就是原子核裂变现象的发现。这是 1938 年底的事情。第二年初，约里奥 - 居里夫人与钱三强同做一个实验，目的是观察用中子打击铀的原子核和钍的原子核，得到的非常像镧的放射性元素放出的 β 射线能谱。做实验时，约里奥 - 居里夫人做放射源，钱三强用云雾室拍照片（为博士论文做准备），师生二人经过两个星期的紧张工作，最后证明两者的能谱一样，是同一物质。这个实验用物理的方法，为重原子核的裂变理论提供了有力的证据。不久，约里奥 - 居里夫人用低压云雾室拍摄到世界上第一张记录有原子核裂变碎片的照片，直接证实了原子核裂变现象的存在。

这一重大发现使人类对原子核的研究进入了新时期。那天，钱三强从实验室出来，非常兴奋地对正在法国留学的水声学家汪德昭说："你知道原子核裂变释放能量有多么重要的意义吗？这种能量将来如果为人类服务，那该多好！但是，如果用来制造武器，后果就不堪设想了！"

6年以后，美国人利用原子核裂变的原理，造出了世界上第一颗原子弹。

约里奥－居里夫妇和他的中国学生钱三强，当年在努力弄清原子核的内部结构和裂变的威力时，都是梦想人类能够和平利用原子能。在这之后，约里奥－居里夫人又和别人合作，发现了原子核裂变的连续反应。差不多同时，英美科学家也观察到了这种现象。钱三强很快完成了博士论文，1946年他与清华大学同学何泽慧结婚。何泽慧1936年毕业于清华大学，1940年以论文《一种新的精确简便测量子弹飞行速度的方法》获得工程博士学位。婚后，钱三强和何泽慧一起继续研究原子核的裂变现象，他的想法得到了约里奥－居里夫人的热情支持。经过紧张的工作，钱三强夫妇用核发乳胶技术发现：铀的原子核受中子打击后，在300次裂变中，有一次分裂成了3个碎片。这个重大发现，使他们异常兴奋，但是，他们没有立即声张，而是继续做实验。又经过一段时间的艰苦研究，他们终于在1946年底证明：铀的原子核在中子的打击下，不仅可以分裂为二，而且可以分裂为三。1947年春天，钱三强和何泽慧对铀原子核"三分裂"的机理做出了解释。这些发现，使人类对原子核的裂变现象，有了更深刻的了解。

钱三强与妻子何泽慧

取得上述成就后，钱三强和何泽慧提出了准备回国的想法。

“我要是你，也会这样做的！”约里奥说。

“祝愿你们回国后，为你们的国家和人民好好地服务！”约里奥－居里夫人说。

分别时，法国老师送给钱三强一份两人签名的鉴定书，用法文写着：“10 年间，在那些到我们实验室来并由我们指导工作的同代人中，他最为优异。我们这样说，并非言过其实。”在法国期间，钱三强先后发表了 30 多篇论文，获得法国国家博士学位和法国科学院颁发的亨利·德－巴微物理学奖金，并先后担任过法国国家科学研究中心的研究员和研究导师职务。

钱三强（右）与约里奥-居里夫妇的合照

1948年5月，钱三强和何泽慧回到阔别11年的祖国。当时，正值北平解放前夕，他对物理研究所的师生们谈了欧美各国研制原子弹的情况。他在讲话中暗示将来有一天，中国为自卫和反对核讹诈，也应当迎头赶上，并很有信心地说："一个国家有了铀矿，如果政府又能充分重视原子能的研究……那只是时间的问题。"

不久，新中国诞生。1 个月后，中国科学院成立。钱三强在一片空白中开始筹建中国近代物理研究所。当时，连他和何泽慧在内研究所总共只有 5 个人。起初，他们连最简单的仪器都没有，再加上以美国为首的西方国家的禁运封锁，可以说是异常困难。他们在北京一个旧式的四合院里开始了新中国原子能科学的艰苦创业：没有仪器，他们就骑着自行车到旧货店里采购器材，自己着手研制；没有从事核物理研究的人才，就自己培养。不久，在国外留学的一些青年，其中包括“娃娃博士”邓稼先等人，陆续回国参加了研究所的工作，到 1955 年，白手起家的近代物理研究所，已经扩大到 150 人左右。

1955 年 1 月 14 日，周总理把钱三强和李四光请到中南海，详细询问中国核科学研究人员、设备和铀矿地质资源的情况，并认真细致地了解了核反应堆、原子弹的原理和发展核能技术所需要的条件。第二天，毛主席在中南海主持召开了中共中央书记处扩大会议。会议听取了李四光、刘杰、钱三强的汇报，研究了中国发展原子能事业的问题。毛主席听完汇报后高兴地说：“我们国家，现在已经知道有铀矿，进一步勘探一定会找出更多的铀矿来。解放以来，我们也训练了一些人，科学研究也有了一定的基础，创造了一定的条件。过去几年其他事情很多，还来不及抓这件事。这件事总是要抓的。现在到时候了，该抓了。”随后，毛主席和与会的人们一起吃饭，他举杯祝酒说：“为我国原子能事业的发展干杯!”

会后，由钱三强组成领导小组，加紧了培养发展原子能事业的科技人才的工作。为了使全国都来关心和重视原子能事业的发展，钱三强等人和各个高等院校的教授们组成宣传团，到全国各地宣讲关于原子能的科普知识。在这同时，他还率领数十名科技人员到苏联学习。

就这样，钱三强历尽艰辛，与物理学家彭桓武、王淦昌等人一起，在一穷二白的基础上创建起了中国的核科学研究机构，为国家培养了大批核科学人才。

## 我们要放个“大炮仗”

20 世纪 50 年代末，苏联撤走专家，使中国原子弹研制工作陷入困境。在这紧要关头，钱三强推荐朱光亚、王淦昌、彭桓武等科学家，带领当时还很年轻的邓稼先、周光召、于敏、胡仁宇等人，在党中央的领导下，发奋图强，自力更生，终于使中国第一颗原子弹如期爆炸。在这之后，钱三强又参与领导了中国第一颗氢弹的研制工作。

在领导研制“两弹”的过程中，钱三强知人善任，一些当年与他共事的科学家生动地回忆了当时的情景。

一天，二机部部长宋任穷委托钱三强挑选一位原子弹研制工作的“科学技术领导人”。钱三强经过深入考虑和物色，推荐了核物理学家朱光亚。20 多年后，钱三强撰文谈了推荐朱光亚的原因：当时朱光亚属于科技界的“中字辈”，年仅三十五六岁，论资历不那么深，论名气没有那么大，那么为什么要选他呢？他有什么长处？第一，他具有较高的业务水平和判断事物的能力；第二，有较强的组织观念和科学组织能力；第三，能团结人，既与年长些的室主任合作得很好，又受到青年科技人员的尊重。实践证明，他不仅把担子挑起来了，而且很好地完成了党和国家交给的任务。

邓稼先曾生动地回忆说："1958 年秋天，有一天，当时已是二机部负责人的著名物理学家钱三强找到我说：小邓，我们要放个'大炮仗'，这是国家绝密的事情，想请你参加，你看怎么样？说完，钱三强又严肃地说：这可是光荣的任务啊！"

邓稼先听钱三强说国家要放个"大炮仗"，而且让他参加，他立刻明白了，这就是说要让他参加原子弹的研制工作，面对这个令人震惊的决定，他不免有些惶恐，说："呵，研制原子弹，我能行吗？"

"能行，你就和大家干吧！这是国家对你的信任。这件事关系到国家的安危，我相信你能干好。"

在党中央和二机部负责人的领导下，钱三强带领大批科学家，在短短 2 年多的时间，在戈壁滩上接连放起了"大炮仗"。

中国第一颗原子弹爆炸前后，核工业部大楼里洋溢着紧张而又兴奋的气氛，人们焦急地等待着零时的到来。一天，核工业部副部长、物理学家钱三强走进了刘杰部长的办公室。见面后，两位领导人相顾沉默了一会儿，刘杰看了看手表对钱三强说："三强同志，时间定了，今天下午 3 点钟爆炸。"又说："看来会响的，但也不排除万一的可能性。"

钱三强听了非常激动，他想起从点兵点将组织队伍，到研制过程的日日夜夜，不禁流下了热泪，坚定地对刘杰说："会响的，会响的。"

## 年轻人不要对自己的国家妄自菲薄

我最后一次见到钱三强教授，是在1989年的一天，编辑部让我请他谈谈如何对年轻人进行爱国主义教育。那天，钱三强语重心长地说："中华民族是个多灾多难的民族，自鸦片战争以后的100多年间，经历了近现代史上相当艰苦的民族求自存的历程。可以说，是经过了多少代人艰苦奋斗才得到的独立。我是民国二年（1913年）出生的，正是孙中山领导的辛亥革命之后，经过了北洋军阀和国民党统治时期，在旧中国也呆了30多年。抵抗外国列强入侵，求得自存，使国家强盛起来，是我们这样一个年龄上下的人共同追求的目标。我们在国内奋斗，到国外求学，总想把他国强盛起来的经验拿到手，并不是只图个人待遇如何。1949年新中国成立，国家独立的心愿才真正得以实现。"

钱三强说："像我们这样一个被压迫的国家，独立之后，要一点点自强起来，不仅现在的年轻人要艰苦奋斗若干年，而且需要一代两代，甚至几代人的努力。青年们（当然包括青年学生和科技战线年轻人）肩负着建设未来国家的历史重任，了解国家的过去是很重要的，只有这样才能更好地面向未来。青年们应该好好学习我们民族受压迫的历史，也就是说中国的近代史、现代史，了解中国在共产党领导下发生的变化，取得的成就。"

钱三强说："国家要强盛起来，离不开科学技术，青年们也应懂得这个道理。因此，我希望年轻人（一切有志于使中国摆脱落后状态的青年们），在学习历史知识的同时，应致力于科学技术知识的学习，不要对自己的国家妄自菲薄。我们新中国成立时，科学技术十分落后，只用了15至20年左右，就实现了原子弹、氢弹、核潜艇的突破，跻身于五个核大国之列。主要原因是在中国共产党领导下，走了社会主义道路，调动了全国各方面的力量，协同作战完成的。”

钱三强说：“当年，正是我们这一些人，不仅理解马列主义，而且了解中国的实际，才能结合我国的国情，把科技队伍训练和组织起来，又有些人把世界各国先进的东西带回来。作为一名中国人，要有在自己或下一代的手里使中国强大起来的强烈愿望。因此，新中国成立后接连取得了许多重大的科学技术成就，其中包括举世瞩目的原子弹、氢弹的爆炸成功，提高了我国的国际地位。”

钱三强最后说：“后生可畏，我相信中国会涌现出大批优秀的青年知识分子，他们会接好老一代科学家的班，把饱经忧患的中华民族引向繁荣和富强。”

（原载《百年潮》2012年第9期，有修改）

## 为约里奥－居里传话给毛主席的科学家

在谈钱三强与中国的核科学时，不能不提到一个人，他就是为中国第一颗原子弹的研制工作做出重大贡献的科学家杨承宗，他曾为约里奥－居里传话给毛主席。

杨承宗曾任中国科学院原子能研究所研究员，早年就读于法国巴黎大学的居里实验室，获得博士学位后，1951年8月回国。

回国后，他通过钱三强、丁瓒等人，向毛主席转达了约里奥－居里的忠告，这对以毛主席为首的中共中央下决心打造中国的核盾牌起了积极作用。

大约是1951年6月里的一天，约里奥－居里夫人对杨承宗说："你想不想去看看约里奥－居里先生？"

"我正想去谢谢他！"杨承宗说。

见面后，约里奥－居里一面在空中挥动着左臂，一面非常激动地大声说："你回去转告毛主席，你们要保卫和平，要反对原子弹，就要自己有原子弹。原子弹也不是那么可怕的，原子弹的原理也不是美国人发明的，你们有自己的科学家，钱呀（指钱三强），你呀，钱的夫人呀（指何泽慧），汪呀（指汪德昭——新中国国防水声学的奠基人）……"

杨承宗说，谈话结束后，他反复地默记约里奥－居里的话，以便回国后原原本本地向毛主席报告。

杨承宗说，对于约里奥－居里为什么讲上述这番话，当时他理解不深。后来才知道，当时抗美援朝战争正在激烈地进行，以美国为首的联合国军眼看不能取胜，就叫嚷要用原子弹，美国军方甚至把能投原子弹的重型轰炸机调到了日本，只等一声令下，就要动用核武器轰炸志愿军和朝鲜人民军，甚至叫嚣要轰炸中国的东北。

美国的核讹诈政策，受到世界爱好和平人士的强烈反对。约里奥－居里当时任世界保卫和平委员会主席，他同情和支持刚刚诞生的新中国，因此，特地让杨承宗向毛主席转达他上述的一番话。

杨承宗回国后，立即把约里奥－居里的话，转达给了钱三强。

钱三强听了，严肃地说："这件事千万要保密，不要跟任何人讲，包括我们的妻子和孩子。"

因此，杨承宗始终守口如瓶。后来，他通过研究所的负责人用录音机把约里奥－居里的话录了音，寄给《当代中国的核工业》（由国防科工委主编的期刊）发表了。

在全世界，美国是第一个拥有核武器的国家。1945 年 7 月，美国率先试爆了原子弹。在这之后，美国原子弹之父奥本海默说，在看到原子弹爆炸的刹那间，他想起了古印度史诗《摩诃婆罗多》中的一段话："漫天奇光异彩，有如圣灵逞威，只有一千个太阳，才能与其争辉。""现在我成了死神，世界万物的毁灭者！"奥本海默说。

在美国之后建立核武器的是苏联（1949 年）、英国（1952 年）、法国（1960 年）和中国（1964 年）。这 5 个国家组成了核俱乐部。1970 年，大多数国家签署的《不扩散核武器条约》生效。从此以后，核俱乐部的大门关闭了。

其实，正如约里奥－居里所说，原子弹并不可怕，它除了有巨大的破坏性外，核能还可以为人类造福，这正是当初发现核裂变的科学家们的愿望。

（原载《百年潮》2012 年第 2 期，有修改）

# 朱光亚与新中国核科技事业

工作中的朱光亚

2011 年 2 月 26 日，中国核科学事业的主要开拓者之一、著名核物理学家、“两弹一星”元勋朱光亚在北京逝世。在 20 世纪 80 年代，这位青年时代曾远赴重洋学习研制原子弹，最终在自己的祖国圆梦的核物理学家，曾经对我详细地讲述了他从事核武器研制工作的心路历程，至今想来，仍然让我感慨不已。

## “朱光亚终于归队了！”

那是20世纪80年代，我采访邓稼先的通讯报道《两弹元勋邓稼先》发表后，我对“两弹”研制过程中的科学家们产生了极大的敬意，想陆续采写一些稿件，将这些科学家数十年默默无闻地为增强中国国防事业经历的艰辛公之于世，当时朱光亚是国防科工委的领导，因此我首先采访了他。

朱光亚出生于湖北宜昌，1945年，他从昆明西南联大物理系毕业后，经吴大猷教授推荐，赴美国考察原子弹的研制工作。

朱光亚生动地回忆了当时的情景。他说，中国人研制原子弹的梦想，在旧中国就有了。那是1946年，蒋介石在庐山的别墅里，接见了华罗庚、李政道和朱光亚，提出要造一颗原子弹。朱光亚说，蒋介石的这个梦想，是从1945年8月6日那个震惊世界的日子开始的。那天，美军轰炸机在日本广岛上空扔下一颗代号为“小男孩”的原子弹，对日本军国主义产生了巨大的军事威慑效应，世界上所有国家对其产生的威力印象深刻，无不想拥有这种威力巨大的武器装备。然而，这种新式的武器是如何研制的秘密，除了美国外，世界上其他国家均不掌握。蒋介石也想造原子弹，于是他就让兵工署署长、国际弹道学家俞大维博士想办法。俞大维提出，造原子弹，首先要向数理化方面的科学家请教。在蒋介石的支持下，俞大维和军工部部长陈诚邀请著名数学家华罗庚、物理学家吴大猷、化学家曾昭抡秘密讨论了研制原子弹的有关事宜。三位教授很快拟订了一个计划，并建议派遣一个科学考察团去美国，争取到美国“曼哈顿工程”（美国研制原子弹的工程代号）的研究生产机构考察，学习制造原子弹的技术。蒋介石批准了这个计划。除了这三位著名专家外，国民政府还让他们在数理化三个领域分别挑选两名优秀的青年学者，组成考察团。吴大猷挑选了朱光亚和李政道，曾昭抡挑选了唐敖庆、王瑞酰，华罗庚则挑选了孙本旺，到美国后又挑选了徐贤修。

据朱光亚回忆，临行前，蒋介石把科学家们召集到庐山，鼓励大家说：“你们到了美国，要好好地学，早去早回!”还说：“你们学成归来后，我给你们钱，给你们房子，尽快造出原子弹!”

1946 年 8 月的一天，朱光亚与李政道、唐敖庆等跟随华罗庚教授搭乘远洋轮船“美格将军号”赴美。在这之前，曾昭抡教授已经先期赴美，吴大猷教授因为去英国开会，也未能同行。但是他们一行刚踏上旧金山，就听到了沮丧的消息，先期抵美的曾昭抡对他们说：他到达美国后，虽然几经奔走，但毫无所获。美国政府不同意外国人进入原子弹研究机构，甚至原来已经参加“曼哈顿工程”的外国科学家都被剔除出科研队伍了！曾昭抡说：但是各位既然已经来了，那就各奔前程吧！考察团就这样解散了。在这之后，华罗庚、吴大猷、曾昭抡等人到美国的大学里分别从事教书、科研，朱光亚、李政道等青年学者则进入不同的大学攻读学业。朱光亚进了密执安大学研究生院从事实验核物理的学习和研究工作。不久，他便取得了显著的研究成果，在美国《物理评论》等顶级刊物上发表了一系列论文，从而在核物理这门新兴的前沿科学领域里留下了他创新探索的足迹。

1950年2月，年仅25岁的朱光亚在获得物理学博士学位后，毅然返回祖国。在回国途中的轮船上，他与51名留美同学联名写了《致全美中国留学生的一封公开信》，呼吁留学生们回国参加建设。这封信不久发表在《留美学生通讯》上，在海外中国留学生中产生了很大的反响。回国后，朱光亚兴致勃勃地跟随土地改革工作队到大别山等地参加土改。“国家还这样穷，刚刚翻身，首先应该把人才培养出来，才能把国家建设起来。”怀着这样的志向，朱光亚走上了北京大学的讲台，担任了北京大学物理系副教授，满腔热情地投入物理学教学的第一线。那段时间，在完成繁重教学任务的同时，他仍然没有忘记研制中国原子弹的梦想。1951年5月，商务印书馆出版了他的专著《原子能和原子武器》，书中介绍了原子能的发展、原子弹的研制、氢弹的秘密等内容，是我国系统介绍和论述这方面知识的早期著作之一。

1952年，朱光亚作为中国人民志愿军停战谈判代表团的英文高级翻译，到板门店参加了朝鲜停战谈判。谈起当年赴朝的往事，朱光亚对我回忆了一段趣闻，描述他是如何被选中的。

那是1952年初的一天，一位同学走过来对他说：“朱老师，考考您的英语！”师生二人用英语一问一答地对了一会儿话。最后，学生满意地对老师说：“Very good！”学生考老师的原因很快便弄清楚了：

组织上让他担任代表团的英语翻译。朱光亚回到家中对妻子许慧君说："我要走了！""到哪里去？"朱光亚想到组织上叮嘱要保密的话，便诙谐地说："呵，到东北'打老虎'去！"许慧君见他有难言之隐，便没有多问。几天后，他便以高级翻译的身份跟随志愿军代表团抵达开城，参与停战谈判。

1953 年，朱光亚从朝鲜回国后，奉调东北人民大学，参与组建物理系，先后担任教授、教研室主任、系副主任、系代主任等职务。在教师少、教学任务繁重的情况下，他一方面主讲力学、热学、原子物理等大课，另一方面还注重在工作中培养青年教师。在朱光亚和其他同事的共同努力下，短短几年的时间内，东北人民大学物理系便跻身全国高等学校物理系的前列。

在中央做出建立中国原子能工业的战略决策之后，1955 年 5 月，朱光亚奉命与胡济民、虞福春等调入中国科学院近代物理研究所（1958 年改称原子能研究所，即现在的中国原子能科学研究院）筹建物理研究室（1956 年划归北京大学，后改称技术物理系），从此以后，他担负起尽快为我国原子能科技工业培养专业人才的重任。钱三强曾戏言称："朱光亚终于归队了！"意思是朱光亚又回到了核物理专业队伍。

## 科学界的"中字辈"担任了科学技术领导人

1957 年，朱光亚调任原子能研究所中子物理研究室，任副主任，参与组织苏联援建的核反应堆建设和启动工作，并带领年轻人开展中子物理与堆物理的实验研究，设计并建成了国内第一座轻水零功率装置，为掌握堆物理实验技术迈出了第一步。这时，苏联方面对中国的核技术援助几经起伏，但苏联科学家中也有真诚愿意帮助中国的。有位名叫加弗利洛夫的科技顾问就对中国的核武器研制工作提出了许多有益的建议，他认为，中国需要有一位科学技术领导人来领导原子弹的研制工作。他还特别点名要见朱光亚，说他在来中国之前，诺贝尔物理奖获得者塔姆院士曾向他推荐过朱光亚。1959 年 6 月，苏联拒绝提供原子弹教学模型，7 月，中共中央经过研究决定："自己动手，从头摸起，准备用 8 年时间搞出原子弹。"在这之后，二机部部长宋任穷委托副部长兼原子能所所长钱三强挑选一位原子能研制工作的"科学技术领导人"。钱三强经过深入考虑和物色，推荐了正在原子能研究所工作的朱光亚。1959 年 7 月的一天，宋任穷等人把朱光亚请到自己的办公室里，说："光亚同志，我们想请你到九所（核武器研究所，1964 年 2 月改称九院）参加领导原子弹的研制工作，你看怎么样?"听了这个决定，朱光亚很激动。

回忆往事，朱光亚感慨地对我说：没有想到，当年那个曾经漂洋过海追求过但被拒之门外而破灭的梦想，现在有可能在自己的国家，用自己的智慧和双手，变为现实了。他说："就这样，从 50 年代末投身到核武器的研制工作起，到如今（80 年代中期）已经几十年了，我这一辈子主要做的就这一件事——搞中国的核武器!"

朱光亚被任命为九所副所长后，开始全面负责核武器研制中的科学技术工作，在与李觉、吴际霖、郭英会等九所领导多次讨论后，他们立即改变了原来的部署，根据我国当时的条件，制订了科研工作计划，明确提出：原子弹的研制工作要完全建立在自己科学研究的基础上，即自己研究，自己试验，自己设计，自己装备。当时，无论从以上哪个方面讲，朱光亚都是不轻松的，因为这时，很多人对苏联专家的帮助仍抱有幻想，直到1960年7月，苏联突然撤走了在华工作的所有专家，并停止供应一切技术设备和资料。

苏联停止一切援助后，二机部提出了核工业在新形势下的总任务：三年突破，五年掌握，八年适当储备。具体要求是，争取在五年内（1960年至1964年）自力更生研制出原子弹，并进行爆炸试验。为了集中力量突破原子弹的技术难关，朱光亚与九所的其他领导建议：由二机部向中央要求从中国科学院和全国各地区、各部门选调人才，充实科研队伍。不久，先后有郭永怀、程开甲、陈能宽、龙文光、王淦昌、彭桓武等科研人员调入，这批科学家和工程师会同先期参加核武器研制工作的朱光亚、邓稼先等人，基本上形成了中国核武器研制工作的科技骨干力量。

中国人依靠自己的人力和物力，能不能把有关的核设施建成，能不能造出原子弹呢？全世界都在关注着。

研制原子弹是一项综合性很强的大科学工程，涉及理论、试验、设计、生产等各个环节，需要多学科、多专业的密切配合。当时，新中国成立才10年，科技与工业基础还非常薄弱，专业人员也少，国家三年经济困难时期，西方国家对中国进行封锁和禁运。在这种情况下，想短期内突破原子弹技术，难度确实很大。为了激励人们的斗志，1963 年 8 月，当时的二机部部长刘杰赴青海基地检查工作时，决定把苏联来信拒绝提供原子弹教学模型和图纸资料的日期，也就是 1959 年 6 月，作为中国第一颗原子弹研制工程的代号，即命名为“596 工程”。

采访中，朱光亚笑着回忆说：“在九院（所）这个既像工厂，又像学校的奇特的研究机构里，当时，每个人的情绪都处于亢奋状态，各个实验室里天天灯火通明。”

宋任穷对朱光亚他们说：“你们给我也办个出入证，这样我就可以直接到实验室去了。”朱光亚与李觉、吴际霖等人一起组织大家制订规划，选调人才，组建机构，建立设施，迅速而又扎实地开展工作。各方面的著名科学家和工程技术人员相继调到九院以后，攻克了一个又一个科学技术难关，人们经常是通宵达旦地工作着。宋任穷、刘杰、钱三强和李觉、吴际霖等知人善任，对朱光亚、王淦昌、彭桓武等科学家充分信任，放手让他们工作，并给予了尽可能的帮助。

朱光亚和吴际霖负责全所的科学管理，他们组织各方面专家和科技人员精心选择目标，分解任务，确定应该研究的主要科学问题和关键技术，选择解决问题的技术途径，组织全所科技人员分头开展研究和攻关。由于朱光亚精通业务，为人谦虚、诚恳，善于综合各方面意见做出科学判断，所以他不但受到科研人员的尊重和支持，而且能和党政领导干部密切合作、沟通，使全所就像一台精密的机器，高速有效地运转起来。

经过紧张探索、研究，到1962年，九所科研人员在原子弹的理论研究、试验技术、核材料生产等方面都获得了许多重要研究成果。但是，由于国家经济困难，原子弹的研制工作也面临是加快还是放慢，甚至是上马还是下马的问题。这年9月，二机部部长刘杰与九所负责人李觉、吴际霖、朱光亚等人研究以后，向中共中央提出《关于自力更生建设原子能工业情况的报告》，提出两年内实现我国第一颗原子弹爆炸试验的“两年规划”。同时，为了进一步研究分析可行性，根据领导、专家集体讨论的意见，朱光亚主持编写了《原子弹装置科研、设计、制造与试验计划纲要及必须解决的关键问题》和《原子弹装置国家试验项目与准备工作的初步建议与原子弹装置塔上爆炸试验大纲》两份文件。这两份文件在科学总结前期工作的基础上，明确提出了技术上最关键的问题，提出了必须完成的基本建设项目和工作条件，并对下一步工作做了全面部署。其中，对于核爆炸试验，文件提出了分两步走的方案：先做地面爆炸试验，再做空投爆炸试验。整个安排有条不紊，环环相扣，后来的实践证明，这些分析和部署是符合实际的，对科研人员很快突破原子弹技术起了很重要的作用。这两份文件后来被誉为中国核武器发展史上的“纲领性文件”。

在原子弹研制的关键时刻，朱光亚除了对科研工作进行全面组织、领导外，他还担任了四个技术委员会之一的中子点火委员会副主任委员，同主任委员彭桓武一起，指导青年科技工作人员开展了中子源的攻关研究。

1963 年底，核武器研究人员在原子弹理论、技术和生产方面的疑难问题等方面开始取得一系列重大进展：11 月 20 日，他们成功地进行了缩小尺寸的原子弹整体模型爆轰模拟试验；1964 年 6 月 6 日，又进行了全尺寸的原子弹整体模型爆轰模拟试验，这是一次核爆炸前的综合检验，除了核装置不是活性材料外，其他都是核爆炸时所要用的实物。试验结果实现了预先的设想。至此，原子弹的研制工作经过大量小型试验和若干次的大型试验，已经是成功在望了。1964 年 10 月 16 日，我国在罗布泊成功爆炸了第一颗原子弹。

## 原子弹要有，氢弹也要快

原子弹爆炸时，朱光亚和所有参与这项工作的人们一样，非常激动和兴奋。这时，他还不到 40 周岁，青年时代的梦想终于变成了现实，可以说，他是用自己的智慧和爱国热情圆了一个美丽的梦！此后，朱光亚又带领广大科技人员迈向了新的高峰——研制氢弹。

1964 年 5 月及 1965 年 1 月，毛主席在听取国家计委关于第三个五年计划和长远规划的汇报时，曾两次谈到中国的核武器发展问题。他说：原子弹要有，氢弹也要快。在我国首次核试验成功之后，周总理也提到氢弹的研制能否加快一些。他要求二机部就核武器发展的问题做出全面的规划。

根据中央的指示精神，在二机部领导下，朱光亚会同其他同志提出了加速核武器发展的全面规划。他还替二机部起草了《关于加快发展核武器问题的报告》，呈报给中央专委（主任为周恩来总理，成员有 15 人，主要负责全面领导原子弹的研制工作），报告提出：一方面要加速原子弹的武器化，另一方面要尽快突破氢弹技术。由此，九院的工作迅速做了调整，并抽调出 1/3 的研究人员全面开展氢弹的理论研究。在这之前，原子能所成立了中子物理领导小组，由所长、著名物理学家钱三强主持，组织黄祖洽、于敏等开始着手热核材料性能和热核反应机理的基础研究。

1965 年 1 月，二机部把原子能所这批先期进行氢弹研究探索的科研人员调到九院，两方面力量集中到一起，在朱光亚和彭桓武的指导下，对氢弹进行攻关。1967 年 6 月 17 日，在周总理的亲自安排下，聂荣臻元帅亲临现场指挥，成功地进行了我国第一颗氢弹爆炸试验，提前实现了毛主席在 1958 年 6 月关于“搞一点原子弹、氢弹，我看有 10 年功夫完全可能”的预言，中国也从此进入了世界核先进国家的行列。邓小平在谈到新中国的高科技时曾经这样说过：“如果 60 年代以来中国没有原子弹、氢弹，没有发射卫星，中国就不能叫有重要影响的大国，就没有现在这样的国际地位。这些东西反映一个民族的能力，也是一个民族、一个国家兴旺发达的标志。”

中国“两弹”的研制工作之所以能走在世界的前列，除了党的坚强领导、全国人民大力协作之外，还因为我国有一批饱经忧患、了解中国国情而又有强烈爱国热情的科学家，其中朱光亚就是杰出代表。党和国家对他的贡献也给予了充分肯定：1969 年，年仅 45 岁的朱光亚和钱学森一起，作为科学家代表，被选为第九届中央候补委员；之后，他又被连续选为第十届中央候补委员、第十一届至第十四届中央委员，第四届中国科技协会主席，第八、九届全国政协副主席。这在科学家中是不多见的。

朱光亚（右）与钱学森

自20世纪70年代初，朱光亚任国防科委副主任以来，他在领导核技术科研工作的同时，还参与组织了核潜艇动力装置的研究，以及我国第一座核电站——秦山核电站的筹建、核燃料生产和放射性同位素等民用项目的开发与研究工作。80年代中期开始，他还参与组织领导了国家“863计划”的制订与实施。

作为一个老朋友，他的逝去，使我感到一种发自内心的哀伤。当年，他对我说过的一番话，始终铭刻在我的记忆之中："50 多年过去了，我对自己当年回国参加新中国的建设，用毕生的精力亲自参与中国核科技事业的创立和发展，为祖国的安全和中华民族的强盛贡献出自己的一份力量，感到无比的自豪和欣慰！"

（原载《百年潮》2011 年第 5 期，有修改）

# 记新中国驾驭核能的第一代人

1985 年是中国的核工业创建 30 周年。

在庆祝核工业创建 30 周年的日子里，在基地，在后方，在沙漠，在草原，驾驭核能的人们或聚会谈心，或集会庆贺，他们回首往事，展望未来，心中充满了自豪。

著名美籍华人记者赵浩生曾经写道：“当中国第一颗原子弹试爆成功的新闻传到海外时，中国人的惊喜和自豪是无法形容的。在海外中国人的眼中，那菌状爆炸是怒放的中华民族精神的花朵。那从报纸、广播传出的新闻，是彩笔写在万里云天上的万金家书。”赵浩生的话表达了千千万万海外华人的心情。最近，记者来到驾驭核能的人们中间，听到了许多动人的故事，使人真切地感受到催开那中华民族精神花朵的人们，正是中华民族的精英。

## 艰辛危难中起步

中国的核工业起步于20世纪50年代中期。1955年1月15日，毛主席在中南海主持召开了中共中央书记处扩大会议，听取了李四光、刘杰、钱三强等人的汇报。听完汇报后，毛主席高兴地说："我们国家，现在已经知道有铀矿，进一步勘探一定会找出更多的铀矿来。解放以来，我们也训练了一些人，科学研究也有了一定的基础，创造了一定的条件……我们只要有人，又有资源，什么奇迹都可以创造出来。"会上，毛主席还从哲学的角度，谈了粒子可分的问题，鼓励核科学家们进一步开展核科学方面的研究工作。会后，他和到会的科学家们一起吃饭，举杯祝酒说："为我国原子能事业的发展干杯!"

这是一次具有历史意义的会议，做出了中国要发展核工业的战略决策；同年3月，毛主席在中国共产党全国代表大会上宣布，中国进入了"开始要钻原子能这样的历史的新时期"。

新中国成立后，党和国家十分重视地质事业。1954年地质部在综合找矿中，首次在广西发现了铀资源的苗头，当时的地质部负责人刘杰等人，向毛主席、周总理做了汇报。毛主席仔细地询问了勘探情况，提出要亲自看看铀矿石，过后，刘杰等人把铀矿石的标本送到了毛主席办公室。毛主席看了非常兴奋，他一边用探测器测量矿石，一边对在场的人说："我们的矿石还有很多没被发现嘛！我们很有希望，要找！一定会发现大量铀矿。"

“我们有丰富的矿物资源，我们国家也要发展原子能!”毛主席兴奋地说。

1955年，我国开展了铀矿普查工作。经过1年多的努力，在西北、中南、华东等地发现了放射性异常点200多处，有远景的点11处，为创建核工业创造了基本条件。

当时新中国诞生不久，百废待兴。组织力量驾驭核能的艰巨任务，落在了当时的二机部部长宋任穷和副部长刘杰的肩上。他们首先组织人力寻找铀矿。地质局长雷荣天同志接受任务后发现，中国大地究竟有没有可供工业利用的铀矿，还是个未知数。因为据记载，旧中国只发现了铀异常，根本谈不上开矿。年轻的铀矿普查小分队没有被故纸的记载束缚住，他们历尽千辛万苦，很快便在深山密林中发现了“希望石”。由20多位中苏专家组成的专家组赶到现场一看，证实中国地质考察队员们果然在某些外国专家视为禁区的花岗岩中发现了铀矿。在这同时，建立核科学研究机构的工作也起步了。

新中国成立前后，吴有训、赵忠尧、钱三强、何泽慧等一些著名的核物理学家纷纷从海外归来，投身于祖国核科学事业的开拓工作。正在解放军政治学院学习的刘伟同志，接到中央命令也立即奔赴核工业战线，组织指挥“一堆”（试验反应堆）、“一器”（回旋加速器）的建设工作。

资源有了，专家有了，当时的苏联政府也派来了专家代表团，李富春副总理、聂荣臻元帅先后到苏联签订了中苏核科技工业合作的相关协定和《国防新技术协定》，按照协定，中苏两国专家将合作开采中国的铀矿，协助中国建设原子反应堆、回旋加速器和核燃料工厂，而且苏联答应提供一个原子弹的教学模型。

资源、技术、专家、国际援助齐备后，毛主席庄严地宣布：中国要有原子弹。“在今天的世界上，我们要不受人家欺负，就不能没有这个东西。”

1957 年夏季的一天，宋任穷把西藏军区副司令员兼参谋长李觉请到办公室里说：“你是不是搞这么个项目，共有四个，包括核武器设计院、生产工厂、仓库、试验基地。”他望着这位身经百战的将军殷切地说：“这个任务很重，关系到国家的安全，这个任务就交给你吧！”

数十年的戎马生涯使李觉将军深知，党员必须服从组织的需要，他想：“既然党信任我，那我就到实际工作中去努力、去学习吧！”

差不多同时，吴际霖、郭英会也先后奉调来到了创建核工业的领导岗位上。李觉等诚心诚意地向苏联专家学习，和苏联专家一起到外地选择进行核武器研制基地和分离铀同位素的有关工厂。可是，由于众所周知的中苏关系的变化，苏联专家的态度渐渐地变得冷淡起来。原来答应提供的一些援助，包括原子弹教学模型，也不想给了。

“天要下雨，娘要嫁人，老大哥不帮忙，有什么办法呢？那我们就只有靠自己喽！”宋任穷遗憾地说。在这之前，他们尽力和苏联专家交涉，希望对方实践盟约，可是，直到厂房、库房都抢修起来了，也没见那个神秘的原子弹教学模型的踪影。不久，苏联专家便全部撤走了。

## 埋头苦干的岁月

苏联专家撤走以后，摆在中国这些驾驭核能的人们面前的首要而严肃的问题是：依靠自己的力量能不能开采出铀矿、提炼出合格的高浓铀，并且研制出像样的战略核武器。当时全世界都在拭目以待。毛主席、刘少奇副主席、周总理和邓小平同志还有当时的外交部长陈毅同志，更是十分关切。聂荣臻、贺龙、罗瑞卿，还有许许多多的其他领导人不仅关注这件事，并直接组织指挥攻关。

青年时代参加过著名的“一二·九”运动、在吉鸿昌的部队里做过地下工作的刘杰，调到二机部担任主要领导工作以后，深知自己面临的任务是多么严峻，这不仅是个人出生入死的问题，更重要的是，要把千军万马的积极性调动起来，才能完成这惊天动地的大事业。因此，对凡是调到这条战线上来的主要负责人和专家，他不论工作多忙，都是亲自同他们谈话。

王淦昌

一天，著名物理学家王淦昌走进了刘杰的办公室。在这之前，王淦昌在苏联杜布纳联合核子研究所刚完成了一个轰动全世界的实验，发现了反西格玛负超子。回国后，他本想继续深入地从事这方面的研究，不料，刘杰却对他说："现在，想请你做另外一件事，什么事呢？——同杜布纳的事情完全不同，研制战略核武器！"随后，刘杰又讲了人家如何瞧不起中国人，如何背信弃义，等等。

这时，王淦昌已经是年过半百的人，听了刘杰的话，在旧中国漂泊海外时经历的种种辛酸痛苦的往事，刹那间涌现在脑海中。他激动地迸发出了这样一句话："我愿以身许国！"第二天他就到有关的研究单位报到了。

差不多同时，蜚声国际的著名物理学家彭桓武、力学家郭永怀、化工专家姜圣阶、物理学家王承书，以及周光召等许许多多优秀的中青年科学家，接到调令后都立即放下手中的工作，在专业上来了个大转变。他们之中，有的正年富力强，成名成家的玫瑰色道路正展现在面前；有的已是"威震"国际科坛的青年学者；有的在某个领域里已经搞了大半生，并且赫赫有名。他们一知道国家需要自己效力，都怀着一种神圣的使命感，纷纷离别了妻子儿女，离开了舒适的大城市，打起背包走进了戈壁荒滩、雪山草原，从此隐姓埋名地埋头苦干起来。

从 1960 年起，我国开始聚集力量独立自主地发展核工业。从全国各地奉调来到这条战线上的 106 位理论、实验、工程等各方面的专家，无一例外地服从了国家的需要，无论个人做出多大的牺牲，都毫无怨言。

开始创业时，他们的面前只有戈壁荒滩、草原一片、帐篷几顶。

荒原上，气候瞬息万变，忽而天晴气朗，忽而狂风大作，飞沙走石滚滚而来。在这样恶劣的自然环境里，他们吃的是煮不熟的饭，喝的是烧不开的水。走进原子弹装配工房，由于里面的气温和外面悬殊，人们浑身的肌肉开始收缩，从里面走到外面，又会立即感到浑身冒火花。当时正值三年困难时期，许多人都害了浮肿病。李觉等人经过一番奔忙筹划，在荒原上盖起了楼房，他让科学家们住进去，自己却住在挡不住风雪的帐篷里。

宋任穷、刘杰考虑：得要点东西给科学家们吃。说："我们可以不吃，也得给他们吃！"李觉找了当时北京市委的负责人万里。万里闻讯后雪中送炭，从北京送来了大批物资。

这时，彭桓武、周光召等科学家正通宵达旦地带领科技人员们研

工作中的彭桓武

究有关原子弹的理论；王淦昌和科技人员冒着生命危险一次又一次地做爆轰物理实验。

在盼望早日驾驭核能的人们当中，有的家中老人生病去世不能照顾，有的妻子生孩子不能守在身边，所有的人不能对亲人讲自己所从事的工作，许许多多的年轻人一再把婚期拖延……

“这是些多么可敬可爱的人啊，如果我们当领导的不关心他们，真是于心不忍！”在那些日子里，张爱萍、李觉等领导人，总是背着个小背包在各个帐篷里转悠。他们和大家同甘共苦，他们是科学工作者们和成千上万人的英明指挥员。他们不仅关心有名的专家，对一般工作人员也一视同仁。一次，在西北的核研制基地，一位科技人员突然昏倒在雪地里。现场联合党委立即决定花费1万元巨款包了专机送他回城区治疗。

这些为国家富强，勇于献身而无怨无悔的人们，除了生活、环境困难重重外，当时最大的困难是，既缺乏资料，又缺乏测试仪器，那时，国内只有一台每秒一万次的计算机，示波器、高速摄影机、大功率电源、高压雷管、高能炸药、合格的核部件等，都极为匮乏。他们没有被困难吓倒，别人白天用计算机，他们晚上用，没有计算机就用尺子、用脑子。王淦昌等著名科学家做爆轰物理实验时，和大家一起钻山洞，他们在条件简陋的长城脚下一次又一次研究原子弹是怎样的结构，又是怎样爆炸的。而爆炸又要恰到好处，不能有丝毫差错。起初，还未修起碉堡，他们就用沙口袋围起来做试验，古老的长城内外响起了“呯！呯！”的爆炸声。做一天试验，人人都成了“土人”；夜晚回到帐篷里再继续工作。为了做到周总理要求的“严肃认真，周到细致，稳妥可靠，万无一失”，每一个小问题都做几百次试验，直到完全满意为止。

## 震撼世界的惊雷

1964 年 8 月初，西北某工厂一间试验大厅里充满庄严的气氛，我国第一颗原子弹的总装工作开始了。

为了这一天的到来，许多科技人员经历了多少个苦苦思索的不眠之夜，度过了多少个艰辛劳动的流汗之日。张爱萍和刘西尧等坐在安全线以外，目睹了这个使人热血沸腾的场面。72 个小时以后，大厅里响起了热烈的掌声——中国第一颗原子弹总装成功。

张爱萍紧紧地握着现场那些眼含热泪的工作人员的手，非常激动地说：“谢谢同志们，我们有了原子弹应当自豪，不应当流泪!”

原子弹造出来了，按照周总理的指示要“保装，保运，保响”。人们在戈壁滩的各个帐篷里都悬挂起一个大而醒目的“响”字。

吴际霖这位曾经在山东铝厂当过厂长的知识分子，乘专列护送原子弹越过了危险地段；几天之后，原子弹的核心部件又由一位年轻的助理研究员和二机部保卫部副部长乘飞机押送到试验基地。在这次扣人心弦的旅行中，人们都把自己的安危置之度外了。他们想的是怎样使举国上下用心血和汗水铸成的“争气弹”，安全地到达目的地。

为了保响，第一颗原子弹爆炸之前，他们提出的口号是“把所有的问题都排除在试验以前”。许多领导和科技人员在现场几天几夜不睡觉，有的人昏倒了，爬起来再干。试验前几天，突然刮起了8级大风。这时，原子弹已经运到了100多米的铁塔上，只要插上雷管、接好电源，数十公里外的控制室里一按电钮就有可能爆炸了。不料，风越刮越大，在铁塔上连续作业的科技人员，由于下铁塔的卷扬机开不动，已经两天两夜被困在塔上。戈壁滩上的狂风吹得铁塔来回地晃动，地面指挥所里的人们同样焦灼不安，不停地打来电话询问塔上的安全情况。后来，塔上的人们吃的也没有了，可卷扬机还是开不动。正在人们又累又饿的时候，一位姓王的战士背着水和食物，冒着生命危险爬上了铁塔。

正式试验前，李觉和朱光亚等人日日夜夜在铁塔附近和年轻的技术人员一道工作，一一检查各个环节，直到把所有的雷管都插好了，在爆炸前的50分钟，李觉等人才下铁塔。基地司令、政委们纷纷走来对他们表示慰问；同时问他们为什么下塔时间迟了四五分钟时，李觉沉着冷静地回答说："我得搞牢靠了，确保成功嘛！"

中国第一颗原子弹爆炸

1964年10月16日，中国西部地区响起了震撼世界的惊雷。

那个惊天动地的时刻如今已经过去了 21 年。正如我国政府所宣称："中国发展核武器，正是为了打破核大国的核垄断，要消灭核武器。"我国政府也曾经郑重承诺："中国在任何时候、任何情况下，都不会首先使用核武器。"那些为了世界和平，为了祖国的强盛，"把自己当成一块砖垒上去也心甘情愿"的人们，正是怀着这样的信念去创造这一页惊天动地的历史的。他们之中，许多人为它献出了自己的全部智慧、青春年华，甚至宝贵的生命。那些应该用金字镌刻在史册上的名字有：著名力学家郭永怀、著名化工专家曹本熹、放射化工专家刘允斌、铀冶金工程师张同星、铀水文地质工程师陈建华、矿冶总工程师张天保，以及在组织原子弹研制工作中有重要贡献的优秀领导干部吴际霖……这些已经逝去的人们生前创造的伟大英雄业绩，将和我们祖国大地上的青山绿水一样永存。

当前，我国的核工业已进入了新的历史发展时期，核能的和平利用前程似锦，驾驭第二代、第三代核能的人们，正沿着前辈创业者们开创的光辉道路，在振兴经济、实现"四化"的伟大事业中继续探索前进。

（原载《新华新闻稿》，1985 年 11 月 5 日，有修改）

# 十万分之一——记著名物理学家周光召

周光召

著名理论物理学家周光召出任副院长的消息，迅速地传遍了中国科学院的100多个研究机构，一些不了解，甚至不认识周光召的人，不禁提出了这样的问题：“周光召是怎样一个人呢?”“他能担负起如此繁重的领导职务吗?”也有一些人，谈起周光召，记忆中不由得又浮现出了戈壁滩上那一望无际的、茫茫的沙海……

## 祖国的需要高于一切

20 世纪 60 年代初期，苏联撤走专家后，一个严峻的问题摆在了全国人民面前：中国人依靠自己的力量能不能搞好国防和经济建设?

在莫斯科郊区杜布纳的森林里，王淦昌、周光召和其他被中国政府派到杜布纳联合核子研究所工作的物理学家，虽然身在异乡他域，他们的心也被上面那个问题猛烈地牵动了。

在这以前，周光召已经在杜布纳工作了 3 年多，发表了 20 多篇论文，各国物理学家都用敬佩的目光望着他，是有缘由的。有一次，一位苏联教授在一次学术讨论会上公布了自己关于相对性粒子自旋问题的研究结果，周光召当场提出了相反的意见，这使那位苏联教授很觉意外。

“你的见解没有道理!”那位教授气恼地回答说。

周光召听了，没有辩驳。会后，他用 3 个月时间一步步严格地证明了自己的意见。最后，将研究结果写成题为《相对性粒子在反应过程中自旋的表示》的论文，并在《理论和实验物理》杂志上发表了。稍晚，美国人也得到了相似的结果。这就是著名的“相对性粒子螺旋态”理论提出的经过。

1960 年夏季的一天，周光召作为中国专家组的负责人把在苏联工作的中国专家召集在一起，给国务院有关部门的负责同志写了一封信，信的大意是：在苏联工作的中国专家坚决响应党中央的决定，一致认为中国应当依靠自己的力量发展核武器。信中说，他们作为新中国培养的一代科学家，愿意放弃自己搞了多年的基础理论研究工作，改行从事国家需要的任务。

不久，他们便奉召回国参加了第一颗原子弹的研制工作，其中也有周光召。

“你本来是研究粒子物理的，在国际上已经有了相当的地位，为什么要改行呢?”有人不解地问道。

周光召听了，微微一笑说：“光是自己有名，国家不行也没有用处。”

国家的利益和需要是至高无上的，对周光召是如此，许多中国科学家都是这样想的。为了尽快研制出中国的第一颗原子弹，钱三强、王淦昌、彭桓武、朱光亚等一大批科学家，都以满腔的热忱投身到国家最需要的工作中去了。

新中国成立初期，我国还没有原子反应堆，人们也不知道什么是原子反应堆。当时，周光召的导师彭桓武已是国际上有名的量子场论专家。国家需要他改行搞反应堆，他没有提出任何异议就应允了。榜样的力量是巨大的，这使周光召认识到：“一个人学的知识总是有用的，能够做国家需要的事情是最光荣的。”

周光召接受了研制原子弹的任务以后，没有任何个人的考虑，他和大家一起一天工作十几个小时，工作起来不分昼夜，不度节假日，日夜忘我地工作着。除夕晚上，大家在一片爆竹声中加班加点地工作，休息的时候，就写诗抒情。为了国家的荣誉，他们团结齐心，不分地位的高低尊卑。遇到困难时，著名科学家和刚毕业的大学生一起攻关；讨论会上，谁的意见对就听谁的。

戈壁滩上，寒风刺骨。楼房盖好了，领导干部让给科技人员和工人住，寒冬腊月自己住在帐篷里。

夜以继日紧张劳累的工作，使周光召犯了哮喘病，经过组织上的一再坚持，他被送到了小汤山疗养院疗养。有一天，他散步回来回到病房里，忽然发现床头上放着一篮子水果，一了解原来是聂荣臻同志叫秘书送来的。周光召望着篮子里红彤彤的苹果和金黄的鸭梨，眼睛湿润了。

“我只不过是个普通的科技人员，中央领导同志这样关怀我，这一篮子水果说明，党中央对我们从事的工作，寄予的希望是多么殷切!”想到这里，他在疗养院里无论如何也住不下去了，第二天便回到了工作岗位。

## “我只不过是十万分之一”

1964 年 10 月 16 日，中国西部地区升起了蘑菇云。这震撼世界的巨响，向全世界显示了中国人的志气、勇气和力量。

周光召和几十位从事国防建设的科学工作者聚集在一起，听完了广播就七嘴八舌地议论开了：

“我们中国人到底搞出来了吆!”有人眉开眼笑地说。

“对呀！苏联专家临走的时候曾预言，离开他们的帮助，10 年、20 年我们也休想造出原子弹，他们大概没有想到我们这么快就搞出来了。”大家你一言我一语，兴奋极了。

“同志们，静一静——”周光召突然站起来说：“同志们，我们不能骄傲，这项工作还没有结束，何况，我们还面临着新的、更艰巨的任务——研制氢弹!”

他作为收听广播的召集人，作为和大家一起度过无数个辛勤日夜的一员，心里又何尝不激动。可是，他努力按捺住了自己的兴奋情绪，很动情地对大家说：“苏联看不起我们，英、美等发达国家也认为我们的科学技术落后。要使人家看得起我们，必须使我们的国家在科学上、经济上发达起来，只有这样，才能取得我们中华民族的地位。所以，我们一定要再接再厉，不屈不挠地干下去!”

一个多月以后的一天早晨，包括周光召在内的几十位对国防建设做出重要贡献的科学家和党政领导干部，应周总理的邀请来到中南海。他们在会客室里刚坐下，周总理就笑容满面地走来了，后面进来的是外交部陈毅部长和聂荣臻元帅。

“我代表党中央和国务院向你们——也向一切从事国防建设的工作人员表示感谢!”周总理一面和科学家们紧紧地握手，一面兴奋地说。

“毛主席知道了第一颗原子弹爆炸成功的消息，非常高兴。毛主席风趣地说：应当发给赫鲁晓夫一枚一吨重的大勋章，以示‘感谢’。”听了总理的话，大家都哈哈大笑起来。

“是的，这一炮放得太好了，原子弹爆炸了，我这个外交部长也好当了！”陈毅部长也高兴地说。

谈了一会儿，周总理请大家吃饭。席间，聂荣臻元帅向周总理和陈毅同志谈了中国科学家在发展我国的核武器和原子核科学方面所做的重大贡献。

会见结束了。周光召和他的战友们乘车穿过人群熙攘的十里长街，耳边回响着老一辈无产阶级革命家的教诲和希望。有人问他对这次会见有什么感想时，他谦逊地说：“制造原子弹好比谱写一篇使人惊心动魄的文章，这文章是工人、解放军战士、工程师和科学技术人员不下十万人谱写出来的，我只不过是十万分之一……”

## 新中国培养的科学家中的佼佼者

早在20世纪50年代末期，周光召在杜布纳从事的粒子物理研究成果就引起了国际物理学界的注意。60年代，西欧核子研究中心邀请的第一位中国科学家就是周光召。从50年代末起，杨振宁教授和李政道教授就关注着这位新中国培养的青年科学家，彼此虽然没有机会见过面，但他们在多方面打听周光召的情况。杨振宁教授和李政道教授第一次返回祖国时，都要求会见这位只闻名而不相识的周光召。后来，他们一见如故，很快成了好朋友。

1980年秋天，周光召应邀赴美国讲学，受到了热烈欢迎。著名高能理论物理学家、1983 年美国物理学会主席马夏克教授，专门为欢迎周光召的访问，在弗吉尼亚理工学院举行了以“弱相互作用”为题的学术会议。

周光召在美国访问期间，收到了大批来自美国和世界各地著名大学及研究所的邀请信。回国后，当人们称赞、祝贺他在国外受到的热烈欢迎时，周光召发自内心地说：“因为我是个中国人，人家才邀请我，因为我的祖国强大起来了，人家才重视我！”

现在，周光召正在满怀信心地带领全院科技人员努力工作。1984 年初，在人民大会堂的春节团拜会上谈到今后工作的设想时，他这样说：“我们科技工作者要满怀激情地努力工作，为实现四个现代化做出自己应有的贡献。当然，我们的科学技术离国际先进水平还有很大的差距，但是，这些困难和建国初期相比，算不了什么！”

（原载《新华社新闻稿》，1984 年 7 月 20 日，有修改）

# 华罗庚推广优选法、统筹法20年

在华罗庚的记忆里，永远忘不了那个夜晚。1952年，全国第二次政治协商会议在北京召开。一天晚上，在北京中南海怀仁堂举办文艺晚会，华罗庚也应邀前去观看演出。这天，他因起草一篇发言稿迟到了。大厅里灯光暗淡，鸦雀无声。舞台上，徐徐拉开了帷幕，华罗庚一手拄着拐杖，一手拿着请柬，急切地寻找自己的座位。正不知所措时，忽然看见座位上有个人向他招手。他欣喜地朝那人走去，坐下以后，他一面擦汗，一面望着舞台

华罗庚

上的演出，心想："这个位子角度不错，真是来得早不如来得巧啊！"

猛然间，他想起了招手的人，扭头一看，不禁大吃一惊，原来是毛泽东主席。

见面后，毛主席向他点了点头，用浓重的湖南话向他问好。刹那间，华罗庚懵了。

台上演员们高亢的唱腔，台下热烈的掌声，他什么都听不见了，只觉得全身热血沸腾，眼里涌出了激动的泪水。

毛主席一面看戏，一面和他交谈。谈话中，他发现毛主席对他的经历非常熟悉。谈到新中国需要造就大批科技人才时，毛主席抚摸着他的肩膀亲切地对他说："华罗庚同志，你也是苦出身，希望你为我们培养出些好学生来！"

"主席，我一定努力，一定努力！"华罗庚连忙答道。

于是两人聚精会神地看起戏来，毛主席看着台上的京戏，讲了许多典故。华罗庚是个京戏迷，随声附和着，和毛主席谈得很投机。坐在一旁的梁思成对他们的谈话也很感兴趣，不时地插上一两句，谈着谈着，三个人竟放声大笑起来。

从这以后，毛主席的嘱托深深地铭刻在华罗庚的记忆里。在以后的日子里，他一面精心培养人才，一面不遗余力地用数学为国家的经济建设服务。

"他是一个自学出身的人，但是他教了千百万人！"1984年春天，美国科学院院长普雷斯教授介绍完新当选的美国科学院外籍院士华罗庚的成就后，特别赞扬了他把数学方法送到生产建设中去的做法。

华罗庚是美国科学院120年历史上获得这个荣誉称号的第一位中国科学家，在远离祖国的大洋彼岸，当他在热烈的掌声中接受外籍院士的桂冠时，他在想什么呢？他想："这掌声使我回想到，过去像我这样一个往深里钻，向高处攀的人，象牙塔是我的安乐窝；如果不是党的指引，我是不可能到数以百万计的群众中去的，不可能到生产实践中去的！"

1985年是华罗庚深入生产实际找课题的20周年。20年来，他夏去江汉斗酷暑，冬去松辽傲冰霜，时而行进在祖国大西南的崇山峻岭中，时而颠簸在茫茫草原上，有人说他这是"不务正业"，也有人不解地问："华罗庚那么大的数学家，为什么年复一年地热衷于推广'0.618'呢？"

早在新中国成立初期，华罗庚从美国回来时就产生了一个强烈的愿望：要用数学为人民服务。在美国，他目睹了电子计算机的出现，预感到它可能给经济建设带来巨大变化，回国后，研究了几百份国外关于应用数学的资料，立志要走理论联系实际的道路。20世纪60年代中期的一天，他兴致勃勃地带领着中国科技大学的20多位学生，到北京电子管厂搞了8个月试点，这是他第一次走出他称之为"象牙塔"的安乐窝到工人中去，结果，这次试点失败了。这时，一些持反对观点的人议论纷纷，有的人对跟他去工厂的学生们说："华罗庚是资产阶级知识分子，不要跟他学！"也有的人，对他到工厂找课题的做法嗤之以鼻，说："一个数学家不在研究所里专心研究数学，疯疯癫癫地跑到工厂里去出风头，不务正业！"

华罗庚听了这些非议，思想上感到压力很大。他想：“当然，在书斋里清茶一杯，淡巴菰一支，钻研自己所喜爱、所擅长的数学问题，驾轻车、就熟道，每年写上若干篇学术论文，四海亦谬称其字名，安然自得，教教书，指导指导研究，把我所长的知识交给年轻一代，这样做，似乎也无憾矣！可是，我毕竟是从旧社会过来的人，经历的种种艰难困苦使我明白了：我们的国家和民族受人欺侮，说来说去还是因为我们穷。现在，解放了，国家要富强，为了治穷，必要时我愿从头学起，到实际中去，到群众中去！”

华罗庚在惠阳做“双法”动员报告

中国古代数学曾经有过极为光荣的传统与贡献，由于我国长期处于封建社会，后来渐渐落后了。现代数学研究是从20世纪20年代开始的。华罗庚是中国解析数论、典型群、矩阵几何学、自守函数论与多个复变数函数论等很多方面研究的创始人和开拓者，也是我国进入世界著名数学家行列的最杰出的代表。可是，当60年代中期他乍从“象牙塔”里走出来，投身到大西南铁路建设的沸腾生活中时，却惶恐得很。他对满山遍野头戴柳条帽的建设者们诚恳地说：“过去我教书，夹一本书，如果不夹书，我的脑子里也有一大本。搞这项工作（指推广统筹法）我是头一次。我在北京搞的试点失败了，要讲的话，我的讲稿只有几页！”

“这里是第一线，工作很紧张，你讲多了也没时间听，好就好在只有几页！”工人们说。于是，华罗庚便以硝烟弥漫的山冈为课堂，讲了起来。会后，筑路工人们成立了统筹运输和统筹施工组，用华罗庚讲的方法热火朝天地干起来。

大西南重峦叠峰，地势险峻，比比皆是“一线天”“鬼见愁”“摘帽沟”。汽车在陡峭的山腰里挖个槽子行走，错车的时候，小司机吓得直哭，因为一不小心摔下去就会粉身碎骨。当时，如果有人从成都到了甘洛，单凭这一条，人们就会伸出大拇指来赞叹说：“英雄！”

华罗庚和他的学生们每天翻山越岭辗转在各个工地上，和工人、工程技术人员一起研究用数学方法加快施工进度。夜晚，华罗庚和他的学生们睡在帐篷里，周围不时传来狼的嚎叫，使人听了毛骨悚然。山里没有水洗澡，更没有水洗衣服，华罗庚他们的衣服上长了虱子，他们晚上进了帐篷把衣服脱下来抖一抖，继续穿……他就这样迈出了走向实际的第一步。

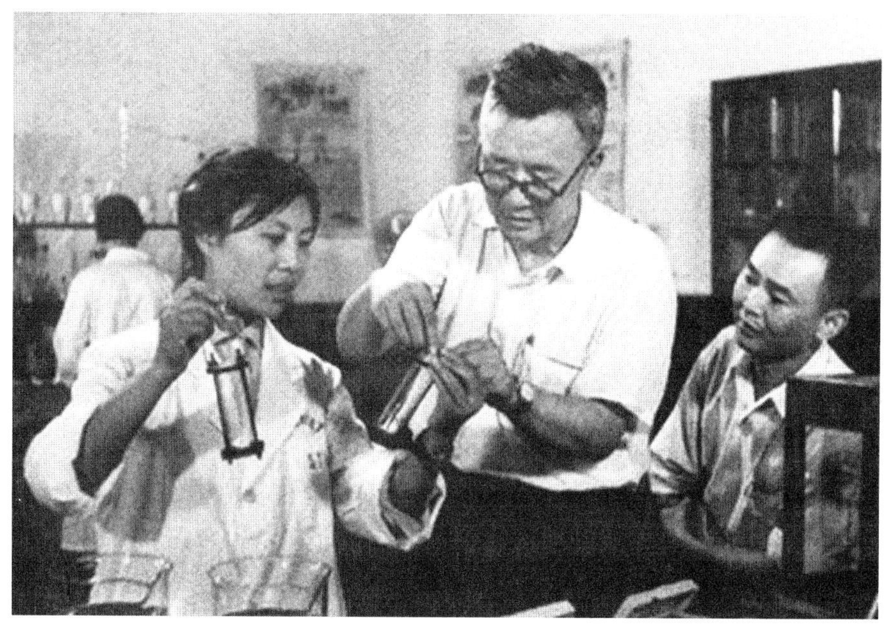

华罗庚和工人在一起进行优选法的应用实验

在风雨如晦的年月，“四人帮”在中国科学院的代理人以“冲击政治运动”为名，不许他到外地推广统筹法和优选法了。华罗庚一度心情很苦闷。后来，在周总理的支持下，他和助手们才又走了出去。然而，在那些日子里搞应用数学每前进一步都困难重重。在最艰难的1970年，他们走进了上海炼油厂，王洪文等人竟不许他们接近工人。经过一番激烈的抗争，终于同意他们在这个工厂搞试点了，但是限定他只许给少数人讲“双法”。一天，下着倾盆大雨，他心想：“糟了，今天听讲的人可能不多!”来到现场一看，竟完全出乎意料，一个只能容纳50人的房子，足足挤了200多人，许多工人打着伞站在雨里、坐在窗台上等着听讲。听完了报告，工人们见华罗庚的腿不好，迎上来把他抱起来，冒雨把他送到车上。透过蒙蒙的雨雾，华罗庚回头一看，工人们正站在雨里和自己挥手告别，他的眼睛湿润了。

在那些日子里，华罗庚的处境一直很艰难。有一段时间还解散了他的推广优选法小分队，调走了他的助手，他被无端迫害得血压升高，情绪沮丧。

过了些日子，胡耀邦同志到中科院主持工作了。一天，助手陈德泉和叶选宁悄悄地向胡耀邦同志汇报了华罗庚的遭遇。胡耀邦同志表示非常支持华罗庚深入生产实际找课题，并说，华罗庚教授是我们的国宝，是我们党和国家的宝贵财富，是世界上著名的科学家。胡耀邦同志很赞成助手们协助他用数学方法为生产服务。

就是这样，华罗庚到了大兴安岭，“四人帮”的代理人仍然不放心，派了两个人一路监视他。华罗庚拖着病腿跋涉在密林里，研究用“双法”采、运、用、育林木，一走出密林就病倒了。他得了心肌梗死，病势垂危。他对身边的人说：“请你转告党中央，我——党交给我的事，没做好就病倒了，我对不起党，对不起毛主席！”在场的人听了，簌簌地落泪。

粉碎“四人帮”后，在科学的春天里，华罗庚以古稀之年欢欣鼓舞地东奔西跑着。近年来，他不顾自己的身体情况，一次又一次病倒了又爬起来重上前线，再试宝刀。他冒着盛暑高温三下两淮煤矿；朔风起的时候又出现在大庆的井架旁，他的想法是：“生产若能长一寸，何惜老病对黄昏!”

华罗庚对国家和人民的事业耿耿忠心，在国内外博得了热烈赞誉，美国、法国、第三世界科学院纷纷聘请他为院士、荣誉博士，他到达英国的时候，英国数学家们贴出了关于他讲学的海报，题目是：“为百万人的数学!”

1965—1985 年的 20 年来，华罗庚的足迹已经遍及全国 26 个省、市、自治区，行程 20 多万公里。如今，由他亲自去推广过优选法和统筹法的工厂、矿山就有上千个。华罗庚不渝地深入生产实际找课题的精神，也受到了党和国家的高度评价。胡耀邦同志把这种精神比喻为修筑通天塔。1984 年冬季的一天，万里同志表扬华罗庚说：“华罗庚嘛，我刚一接触你就知道你搞应用，一瘸一拐还到处跑，把数学用到国民经济里去!”

如今，华罗庚教授在耄耋之年仍然不甘伏枥哀。他最近曾在《述怀》一诗中说：“即使能活一百年，36524 日而已。而今已过四分之三，怎能胡乱轻抛，何况还有老病无能为计，若细算，有效工作日，在二千天以内矣。”“学术权威似浮云，百万富翁若敝屣，为人民服务，鞠躬尽瘁而已。”

（原载《新华社新闻稿》，1985 年 2 月 3 日，有修改）

# 中国原子弹靶场选址前后

张蕴钰

20世纪80年代中期，我采访了“两弹”元勋邓稼先之后，对我国在“两弹”研制过程中出现的英雄模范人物产生了很大的兴趣。于是，在有关部门的热情支持下，我又接连采访了一些和“两弹”有关的人物，其中有科学家，也有军队的领导，张蕴钰将军就是其中之一。

这位当年叱咤战场，屡建奇功，新中国成立后又投身到国防科研中的，有着诗人般情怀的将军，告诉了我许多关于中国核武器靶场选址前后的秘闻，他谈的许多鲜为人知的故事，至今我仍记忆犹新。

## 受　命

出生在河北赞皇县的张蕴钰，抗日战争爆发后，参加了八路军。在这之后，他带领游击队出没在太行山中，曾经出色地指挥过许多次战役。朝鲜战争爆发后，他以中国人民志愿军某部参谋长的身份，奔赴朝鲜战场，参与指挥了著名的上甘岭战役。

1958 年的一天，当他正在旅顺口指挥陆海空三军大演习时，突然接到了陈赓大将从北京打来的一个紧急电话。

“叫我去北京，什么事呢？”在电话中，他问陈赓。

“电话上不好讲，你快来北京见我！”

张蕴钰就这样满腹狐疑地离开了旅顺口。1958 年 10 月里的一天晚上，他急匆匆地走到北京灵境胡同陈赓的住所，见到陈赓后问道：“你叫我回来啥事？”

“想叫你搞原子弹靶场去，这是我推荐的，你到了那里，要好好地把它建起来！”过了片刻，陈赓又带着神秘的微笑，悄悄地对他说：“我们要搞原子弹啦！”

张蕴钰说，陈赓找他谈话之前，他对原子弹几乎一无所知，只是在太行山的军营里听报告、看《新华日报》时，才知道原子弹这种杀人武器的可怕。他曾在给朋友的一封信中这样述说了原子弹在他心中引起的震动，他说："1945 年美国空军将原子弹投到日本的广岛、长崎两个城市，一瞬间造成了几十万人的死伤。这消息传到中国人民的耳朵里，是一条战争的特大恐怖新闻，是人类遭受洗劫的一条特大新闻，也是一条科学技术的特大新闻。"

当时我国还没有原子弹，但毛主席曾经在一次中共中央政治局扩大会议上说，以后"我们不但要有更多的飞机和大炮，而且要有原子弹。在今天的世界上，我们要不受人家欺负，就不能没有这个东西"。

在这之后，主管科学技术工作的聂荣臻元帅提出："为了摆脱我国一个多世纪以来经常受帝国主义欺侮的局面，我们应当发展以导弹、原子弹为标志的尖端武器，以便在我国遭受帝国主义核武器袭击时，有起码的还击手段。"

不久，成立了国防科学技术委员会。陈赓作为第一副主任协助聂荣臻在组织领导研制原子弹、导弹等尖端武器时，点将点到了张蕴钰。这天晚上，毫无思想准备的张蕴钰听说决定让他带领部队创建原子弹靶场——也就是核武器试验场时，不禁愣了。心想："虽说服从是军人的天职，但是，原子弹这玩意儿，没干过啊！"

陈赓大将仿佛猜透了他的心思，说："谁也没干过，我推荐了你，就是相信你能干好啊！"听了陈赓的一番话，张蕴钰思忖半晌说："好吧，这既然是一番事业，不管苦与不苦，不管在这个事业中担任的是什么角色，我都愿意干！"

这位戎马倥偬的将军，从此掀开了他人生很不轻松的一页。酷爱中国古代诗词的张蕴钰，辞别了陈赓大将后，便急匆匆地一路行吟西行了。

## 选　址

在他率领的队伍到达之前，由常勇为政委、张大善为大队长的一支勘探队，已经在敦煌城外勘察筹建武器试验场。起初，苏联专家把核试验场定在了敦煌城外70公里，一个名叫“后坑”的地方，也就是汉玉门关的西面。张蕴钰凭吊了灿烂的敦煌艺术，查看了地质勘探资料，说：“不行，在这里建核试验场，不仅地理位置不行，土层也不行，这个场子才能试验两万吨TNT，核试验场又不能经常搬迁。”

他把自己的想法向陈赓报告后，陈赓说：“那你就再选一个嘛!”

几天以后，张蕴钰便奉命率领着18台汽车和官兵，带着一麻袋大饼，从敦煌浩浩荡荡地出发了。出了玉门关，过了白龙堆，但见天地一色，全是沙丘，他们走了整整两个礼拜，没有道路，也没有水，边走边看地图。从敦煌到马兰，800公里的大戈壁，没有人烟，也没有飞鸟和林木。

“我们真像是上了月球啊！中国选不出第二个来!”他望着罗布泊的荒野，感叹说。

选好了试验场的场址，他蹲在地上往地里打了个桩子，说：“就在这里吧!”

他率领大队人马在渺无人迹的大戈壁上日夜跋涉，一边勘察，一边即兴赋诗，心中充满了豪情。

打下桩子，他吟道："玉关西数日，广洋戈壁滩。求地此处好，天授新桃园。风失踏查路，尘迷炊爨（音窜，义灶）湾。日写标桩影，月行始新元。"

沉寂荒凉的罗布泊，从此有了新主人。核试验场开始测量勘探时，冬天已经来临，战士们睡在帐篷里，由于寒冷，呼出的气都结成了冰，第二天起床后发现头发和被子都粘在了一起。在这之后，他们每年都进入罗布泊勘察，修道路、架电线，几年时间共修了2000公里的道路；罗布淖尔是一汪苦水，没有水，他们就成立了供水连，开着汽车

张蕴钰在基地试验场

到100公里以外的地方拉水，由于水太贵重了，他们便把水分成了人喝的水、施工用的水和技术用水。

采访中，张蕴钰将军说，他率领部队寻找核试验场场址时，考察了古楼兰的旧址，在漫漫黄沙中，他仿佛看到了各方势力为争夺楼兰进行的残杀和鏖战，悟出了中华民族要在动荡不安的世界里不再像楼兰一样被灭绝消失，必须奋起，自强不息。

试验场选好之后，他们又着手选生活点。一天，他们来到一片盐碱滩，但见一条清清的流水旁长满了马兰花。

“这里就叫马兰村吧!”张蕴钰一面指点着未来的生活区规划，一面兴奋地提议说。

1959年仲夏，一批批前来准备进行核试验的科技人员开进了位于博斯腾湖东北的马兰村，张蕴钰眼看着大队人马就要在这里安营扎寨，又高兴地写下了《西江月·马兰村好》一诗。

1959年6月13日，中国人民解放军总参谋部正式批准成立了21核试验基地，张蕴钰作为核试验基地的第一任司令员，一大早来到马兰村，他和他的同伴们在一个地窖里主持召开了基地的第一次党委扩大会议。

## 成　功

然而，在荒凉的戈壁滩上，生活并不都是充满了诗情画意，三年自然灾害降临了。正在核试验基地日夜奋战的成千上万的建设者们突然接到命令说："国家遇到了困难，不知道原子弹什么时候才能造出来，基地的部队可以先去种地、放羊，等国家经济情况好转以后再来建设试验场吧！"命令还说："这就叫作骑着驴找马，暂时不扬鞭！"

张蕴钰坚决反对，说："不，我哪儿也不去！一年不搞试验我等一年，两年不搞试验我等两年。我们可以边搞生产，边搞建设，我相信中国终有一天要放原子弹！"

他们就这样边生产自救，边建设核试验基地。没有粮食，他和常勇政委就带领队伍自己到数十公里以外的地方去扛粮食，或是挖来野菜、采来草籽充饥；没有水，他们就强忍着呕吐吞咽苦水……

张蕴钰他们不仅没有被困死在沙漠里，而且组建起了21基地的科研机构，提前完成了基地的建设计划。不久，基地成立了司令部、政治部和科技部，建立了一个工兵团、一个汽车团，以程开甲教授为首的21基地研究所，也从无到有地出现在戈壁滩上。

马兰村在地图上出现了，开屏村在地图上出现了，村子里人欢马叫，生机勃勃。张蕴钰望着一座座充满生机的戈壁新村，按捺不住心头的喜悦，写了《七绝·开屏村》一诗，诗中吟道："孔雀河流汉代水，玉门关度今世风。楼兰城颓甲子废，开屏村响计时钟。"

1964年10月16日，我国第一颗原子弹爆炸成功，中国成为世界上第五个拥有核武器的国家，中国人真的站起来了。我们仅做这样的试问："如果中国至今没有核武器，你能想象出中国在世界之林的地位吗？国家的安全感会是怎样的一种情况啊？"

回顾创业的历史，张蕴钰将军说："原子弹的研制工作，经过千辛万苦，攻下了最后的难关。在那烈日如伞光如盖，到处飞沙走石、寒暑无情的戈壁滩上，住帐篷，喝苦水，在恶劣的环境里工作，对于苦并不介意，相反觉得能尝此甜苦确实是幸运。在当时，不只是我们，领导我们的老革命家张爱萍同志，他的足迹踏遍每一个工作点，聂荣臻老帅也亲临场区督导鼓励我们工作。"

张蕴钰将军正是怀着这样的壮志豪情率领着广大官兵和指战员们在戈壁滩上深深地扎下了根。随后，他又领导和组织了中国第一次核爆炸。原子弹爆炸前，他和李觉两个人亲自登上铁塔，看着科技人员插完了雷管，才最后走下了铁塔。在铁塔上，他对正在给原子弹插雷管的科技人员说："不要慌，我这个司令陪着你们，给你们壮个胆、保个险！"过后，有人问他自己当时怕不怕死时，他说："当时不怕炸死，就怕原子弹不响！"

中国第一颗原子弹爆炸后，张蕴钰即兴赋诗欢呼说："光巨明，声巨隆，无垠戈壁腾立龙，飞笑触山崩。呼成功，欢成功，一剂量知数年功，敲响五更钟。"

如今，中国第一颗原子弹爆炸成功已有50多年，参加那次核试验的张蕴钰将军和成千上万的无名英雄，有的已经过世，有的进入了耄耋之年，他们谈起当年那声惊天动地的巨响，仍激动不已，他们仍然难以忘怀那"烈日如伞光如盖"的峥嵘岁月，以及使所有在场的人都为之热血沸腾的那些日日夜夜。

张蕴钰将军和他的同时代人，为了中国的强盛，献出了自己的青春年华，正是他们将鲜红的热血涂在印版上，印出了新中国光灿灿的国史，也正是他们，书写了一段崭新的国史。

（原载《报国：回忆我所采访的科学大家》，中共党史出版社 2011 年版，有修改）

# 中国首次核试验44周年记

1964年10月16日夜晚，北京人民大会堂里灯火辉煌。大型音乐舞蹈史诗《东方红》，正在热烈进行。毛主席和周总理坐在台下，兴致勃勃地观看。忽然，毛主席用湖南话悄声对周总理说："你怎么还不把那件兴奋人的事告诉大家?!"

"等　会再宣布，不然，3000人跳起来，还不把大会堂震塌了!"

不久，周总理站起来，宣布说："我们国家第一颗原子弹爆炸成功了!"

2008年10月16日下午3时，中华世纪坛小剧场的大屏幕上，伴随着一声巨响，再次升起了中国第一颗原子弹爆炸的烟云。

场上，响起了热烈的掌声、欢呼声。

由中国国史学会"两弹一星"历史研究会、中国核学会、中国宇航学会等单位举办的大型主题联欢会，把当年参加"两弹一星"研制和组织工作的原核工业部部长刘杰，原第二炮兵司令、首次核试验委

我国第一颗原子弹爆炸成功后

员会办公室主任李旭阁将军，原核工业部办公厅主任李鹰翔，以及“两弹一星”功勋奖章获得者，两院院士任新民、屠守锷、于敏、陈能宽、孙家栋等，请到一起。在当年参加大型音乐舞蹈史诗《东方红》的演员们的歌声助兴下，再次忆起了那段激情燃烧的岁月。

这次盛会我也在被邀请之列，是因为我与其中的一些元勋相识，并报道过他们的事迹。

那是1985年的一天，我去邓稼先任院长的九院（即中国战略核武器研究院）采访了半个月。临行前，核工业部办公厅李鹰翔热情安排，国防科工委负责人朱光亚接见了我。他说："你是进入这个禁区采访的第一位记者，九院和各研究所，为了安全，都按照'山、散、洞'的原则，分散建在深山老林里。中国的原子弹、氢弹，都是在那里研制的。你去了以后，可以到处看看，可以随便找人访谈……"

于是，我连夜起程，行程数千里，到人迹罕至的地方，广为采访了邓稼先的战友们（当时，他本人因患癌症正在北京301医院住院治疗）。我参观了我国研制战略核武器的各个研究所。采访结束后，在一幢周围长满了七里香的"白公馆"里，我连夜写出了长篇通讯《两弹元勋——邓稼先》。新华社对国内外播发后，被广泛采用。《纽约时报》在刊登通讯时的编者按中，称"邓稼先是中国的原子弹之父"。

在邓稼先的名字和他的动人事迹传遍大江南北、长城内外之后，我又连续采访报道了几位元勋。从这以后，我与这个"禁区"的人们成了好朋友。

中国的核工业建设，是在一片空白的基础上开始的。新中国成立后，第一次在广西发现了铀矿资源的苗头。当时的国务院第三办公室副主任、地质部副部长刘杰等，向毛主席和周总理做了汇报。毛主席详细询问了勘探情况，他看了铀矿石标本后兴奋地说："我们有丰富的矿物资源，我们国家也要发展原子能。"

1955年1月15日，毛主席在中南海主持召开了中共中央书记处扩大会议，听取了李四光、刘杰、钱三强的汇报，研究了我国发展原子能事业的问题。听完汇报，毛主席高兴地说："我们国家，现在已经知道有铀矿，进一步勘探一定会找出更多的铀矿来。解放以来，我们也训练了一些人，科学研究也有了一定的基础……我们只要有人，又有资源，什么奇迹都可以创造出来。”

这是一次对中国核工业发展有重大历史意义的会议，它标志着中国核工业建设的开始。同年 3 月，毛主席在中国共产党全国代表会议上宣布：中国进入了要钻原子能这样的历史新时期。

1960 年初，二机部向党中央请求，从中国科学院和全国各地选调了 105 名高级、中级科学研究和工程技术人员。同时，将王淦昌、彭桓武等一批高级研究人员调到北京核武器研究所。这些科学家和工程师会同先期参加核武器研制工作的朱光亚、邓稼先等人，基本形成了中国核武器研制工作的骨干力量。中共中央成立了以周总理为首的专门委员会。二机部正式向党中央写了报告，提出：争取在 1964 年，最迟在 1965 年上半年爆炸中国的第一颗原子弹。

1963 年 8 月，当时的二机部部长刘杰在基地检查工作时，决定把苏联来信拒绝向中国提供原子弹教学模型和图纸的日期——1959 年 6 月，作为中国第一颗原子弹研制工程的代号，即“596”工程，借此激励全体职工，克服一切艰难险阻，制成原子弹。

当时，“596”在技术上的关键之一，是需要验证已经进行的理论设计和一系列试验的结果。1963 年 11 月 20 日，在基地进行了缩小比例的爆轰模拟试验，使理论设计和一系列试验的结果获得了综合验证，为原子弹的设计打下了可靠的基础。在各项研究和试验进展顺利的基础上，1964 年 6 月 6 日，进行了原子弹全尺寸爆轰模拟试验。这是首次核爆炸前的综合检验。试验结果实现了预先的设想。至此，中国第一颗原子弹的研制工作，自1960年年初开始，历时4年半，经过大量小试验和若干次的大型试验，已是成功在望。

1964年4月11日下午，周总理主持召开了中央专门委员会第八次会议，决定：第一颗原子弹装置的爆炸试验，采取塔爆的方式，要求在9月10日前做好试验前的一切准备工作，要做到“保响、保测、保安全，一次成功”。

中国首次核爆炸试验，是在周总理的亲自领导下进行的，中国人民解放军副总参谋长张爱萍担任试验现场的总指挥。

在这次44年后的聚会上，原首次核试验委员会办公室主任、第二炮兵司令员李旭阁与原核工业部办公厅主任李鹰翔，回忆了第一颗原子弹爆炸前设定的密语程序。

原核工业部部长刘杰，虽然已是93岁高龄，但他忆起那段历史，依然声音洪亮，精神矍铄。

主持人在台上讲了个故事。1962年，中共中央在北戴河开会，有一天散步时，外交部长陈毅问刘杰说：“刘杰，你什么时候‘交货’呀？”

“我们正在搞。”

“好嘛，要快。等你们那个东西，我的头发都等白了。你们那个东西搞出来，我的腰杆也硬了。”陈毅说。

“刘杰同志，是不是有这么回事呀？”主持人问。

“有！”坐在台下的刘杰部长大声回答。

李旭阁和李鹰翔同志回忆说，中国第一颗原子弹爆炸前，曾设定了密语程序。

他们说，在这之前，周总理提出要编写密语，不要直截了当地讲原子弹如何如何，以免泄密。于是，大家商量，决定把原子弹称为“球小姐”（因原子弹是圆球形状），把放原子弹的铁塔称为“梳妆台”。平时，工作中称呼或用电话向指挥部报告时，就说：“‘球小姐’正在‘梳辫子’（安装爆炸装置），几点几点上‘梳妆台’……”

爆炸前，由于严格保密，保证了试验的顺利进行。他们忆起了这样一件事：中国第一颗原子弹爆炸前，有一天，周总理对大家说，邓颖超是老同志、中央委员，关于原子弹的事，我都不跟她讲。

散会时，周总理总是叮嘱大家说：“你们把口袋里的东西都掏干净了再走！”

试验前，所有的通讯也都严格保密。

首次核试验的烟云升到9000米时，张爱萍报告说：“总理，爆炸成功了，看到了烟云！”

“是不是真的？”周总理急切地问。

于是，张爱萍回过头来又反问在场的科学家，无人回答。直到防化工程兵到了现场，看到工程被摧毁了，羊、猪都烧成了焦炭，这才确定首次试验的确成功了。因为在这之前，谁也没有见过原子弹，更没见过核爆炸是什么样子。美国人在广岛、长崎丢下原子弹后的情景，也只有在报纸上看到，因此，很难确定。

中国首次核试验，最后还是美国人首先宣布的。他们经过分析认为：中国第一颗原子弹用的核材料，不是钚239，而是铀235。这种核材料，生产技术很复杂，工艺要求很高。为此，美国人不禁大吃一惊：这说明中国已经具备了生产铀235的技术条件，而且，生产这种核材料的工业化程度很高。

当天晚上，有关的科学家集体签名，宣布中国第一颗原子弹爆炸成功。

这消息震惊了全中国，震惊了全世界。

周总理对参加大型音乐舞蹈史诗《东方红》的演职人员宣布了这个振奋人心的消息后，在场的人们听了，有欢呼的，流泪的，相拥而泣的，但是，谁也不敢蹦跳。

中华人民共和国历史上最辉煌的这一篇章，虽然经过了44年漫长岁月的洗礼，但是，当年参加那次核试验的人们回想起来，依然心潮澎湃、热血沸腾。场上，响起了配乐诗朗诵：东方巨响，大漠天苍朗，云似蘑菇腾地长，人伴春雷鼓掌。

当年英姿勃发的科学家们，如今，都已到古稀、耄耋之年，但忆起那段难忘的岁月，依然兴奋不已。他们赋诗说："常忆海外冷眼，看我清末水师，甲午遭难；民国哀兵，落日举殇。曾几何时，山川风月，徒有黄河昆仑豪气；祖训尺牍，疑是子曰诗云浅唱。俱往矣，侠肝义胆说兴衰，银剑金刀辨存亡。怨楚囚，恨汉贼；挽雕弓，射天狼！闻鸡起舞，如女娲溺而不返；道渴而卒，学夸父逐日弃杖！累累功臣，追步请缨将帅；茫茫河汉，续写殉国乐章。十五年鹤鸣仙道，迦叶素想，卷沙海万顷之波，顷刻间，将百年屈辱千载惶恐赫然埋葬。"

茫茫的戈壁滩，荒凉的罗布泊，在骆驼草、胡杨林、马兰花开的地方，看着父辈们“献了青春献终身，献了终身献子孙”的孩子们——核工业战线上的子弟兵，如今都已长大成人，许多人已是人到中年，事业有成。他们也在会上回忆了自己的童年。他们说，正是父辈们为国献身的精神，时刻激励着他们在人生的旅途中，奋勇前进。

他们说，永远不会忘记，新中国成立初期，纷纷抛下国外优厚的物质待遇归来，毅然投身到中国战略核武器研制工作中的老科学家们的言传身教，不会忘记著名物理学家彭桓武讲过的话：回国不需要理由，不回国才需要理由。更不会忘记著名科学家郭永怀，他在飞机失事的那一瞬间，想到的不是逃生，而是和自己的警卫员紧紧地搂抱在一起，用自己的血肉之躯挡住了熊熊燃烧的烈火，才使核武器数据完整地保留了下来。后来，从飞机的残骸中发现他已经烧焦的遗体时，人们的脑海里久久地、深深地铭刻下了他那壮烈牺牲的一幕。

在这之后的1967年6月17日，在周总理的亲自安排下，聂荣臻元帅亲临现场指挥，我国又成功地进行了第一颗氢弹爆炸试验，提前实现了毛主席在1958年6月“搞一点原子弹、氢弹，我看有10年功夫完全可能”的预言。

从第一颗原子弹试验，到第一颗氢弹试验，美国用了7年零4个月，苏联用了4年，而我国只用了2年零8个月，发展速度是最快的；我国首次氢弹爆炸试验赶在了法国的前面，在世界上引起了巨大反响，公认中国的核技术已进入世界先进国家的行列。

（原载《百年潮》2008年第12期，有修改）

# 他移动了群山——记著名数学家陈景润

## 拂晓之前的不速之客

1973年4月25日，北京电报大楼的钟声，已经敲过了午夜12点，全城万籁俱寂，悄然无声。

凌晨3点钟左右，一束耀眼的灯光倏地划破沉沉的黑夜，照亮了西郊中关村的林荫路，伴随而来的是几辆小汽车行驶的声音。过了片刻，便在一幢宿舍楼前停住了。

“诺，亮着灯的房子就是!”

“我们来，他事先知道吗?”中国科学院负责人武衡从汽车里走出来问道。

“不知道。”

“那好，走吧!”说完，武衡等人就走进了黑洞洞的宿舍楼。

这是一间6平方米的小屋。东西靠墙放着一张单人床，床前放着一张三屉桌，桌上堆满了书籍、资料、稿纸，窗台上、地上放着饭碗、药瓶子。陈景润原来住在研究所的单身宿舍里，同屋的人嫌他深更半夜老是开灯看书，他也怕别人妨碍自己，于是，就一个人搬进了这间小屋里。

几天前，他交给了数学所领导一篇论文，然后郑重其事地说："这篇关于哥德巴——猜想的（他提到哥德巴赫时，常常省略了'赫'字）论文，是我用多年的心血写成的，很重要呢。现在我把它交给组织上!"说完，他长长地吁了一口气，苍白的脸上荡起了笑意。

"好，你放下吧，我们组织专家们看看。"那位领导接过了论文一看，题目是《表大偶数为一个素数及一个不超过二个素数的乘积之和》。

过了几天，论文便在《科学通报》上发表了。发表的是摘要，发表后立即在国内外引起了轰动，人人纷纷索要全文。

这天晚上，陈景润和往常一样，还没有睡觉，他身穿一件半旧的蓝布棉袄，正在全神贯注地写论文全文，他写了一遍又一遍，计划把70多页缩减到20多页，演算渐入佳境了，身上的结核菌也活跃起来。他感到头晕目眩，浑身发冷，虚汗淋漓……

"攻克难关，非拼命不可，我——不能休息!"他喃喃地说。

"陈景润，有人找你!"楼道上突然传来一声呼喊，接着就是咚——咚——的敲门声。

"天这么晚了，谁会来找我呢?"他惊恐不安地想。

“陈景润，快开门呀!”敲门的人有些不耐烦了。

陈景润站起来，走到门前趴在门缝上朝外看了看，门外好像有许多人，他不禁战栗起来。想起在“专政队”的遭遇，眼里充满了恐怖，心想：

“莫非又是——”在这大动乱的年月，虽然自己已经获得了“解放”，但是，什么事情都是可能发生的。比如，有天晚上，就突然闯进来一群人，质问道：

“你听什么?”

“我听广播。”

“哪国的?”

“中国的。”

“哼，怕不是里通外国吧!”

“不，不是——我问过中央人民广播电台，问他们我能不能听他们的对外广播，他们说完全可以，而且还说，我们广播的都是毛主席的著作和《红旗》杂志社论。”他极力辩解说。怕别人不信，又说：“不信？你们听——”

查夜的红卫兵们凑过来瞅了瞅他手里拿的半导体收音机，瞅来瞅去没有瞅出什么破绽，悻悻地走了。

……

“陈景润同志，我是武衡，是毛主席派我们来看你了!”

门开了。映入人们眼帘的景象使大家怔住了：桌子上、床上到处堆的都是书和纸，天快亮了，床上的铺盖还没有摊开呢！陈景润痴呆呆地站在床和桌子的夹缝里，惶恐不安地望着突然而至的人们，不知所措。

“对不起，我——”他结结巴巴地说。

武衡是位刚刚获得“解放”的“走资派”，他无论如何也想不到，在这所谓“知识越多越反动”的年月，还有这样奋不顾身地追求知识的人。一刹那间，他的心里很难过，半晌才哽咽着说：“陈景润同志，跟我们走吧!”

身体衰弱不堪的陈景润，踉踉跄跄地跟着大家走了。他仿佛置身在五里雾中，不明白究竟发生了什么事，不明白为什么夜半更深地有这么多重要人物突然光顾他的小屋，也不知道人们将把他带到何处去。他觉得，自己好象在做梦，梦里，还深深地眷恋着南海边上那难以忘怀的一课。

## 立　志

厦门大学数学系的教室里，鸦雀无声。

李文清老师一面翻书，一面说：“同学们，今天讲数论发展史。”

全班几十个学生目不转睛地注视着讲台，谛听着。

“在数论发展史上，至今还有三个没有解决的大难题，这就是费马问题、孪生素数问题和哥德巴赫猜想。”坐在第三排中间座位上的陈景润，留着小平头，戴着近视眼镜，瘦削、苍白的脸上，两道又黑又长的浓眉紧蹙着，他几乎把老师讲的每一句话都镶嵌在了记忆里。

“1742 年，德国有个名叫哥德巴赫的数学教员，给大数学家欧拉写了一封信。他在信里提出了两个猜想，一个猜想是：任何一个大于 2 的偶数，都是两个素数之和；第二个猜想是：任何一个大于 5 的奇数，都是三个素数之和。欧拉给哥德巴赫回信说，他相信这个猜想是对的，但是他说，他不能证明。”

老师停了一会儿又继续说：“哥德巴赫提出的猜想是那样难解，以致在两个世纪的漫长岁月里，无人能做出证明。不得已，到了 1900 年，德国数学家希尔伯特在第二届国际数学会上发表的著名演说中，把这个猜想作为 19 世纪最重要的数学问题，留给 20 世纪的数学家解决。要证明这个猜想是那么难！1921 年，德国数学家朗道无可奈何地感叹说，要证明哥德巴赫猜想，用现有的数学方法是力所不及的！”

讲到这里，老师用期待的目光望着同学们，殷切地说：“不过，俗话说得好，世上无难事，就怕有心人！同学们，你们当中将来哪怕有的人解决了其中的一个问题，对数学研究也是很了不起的贡献！”

同学们听了，哄堂大笑。

听到笑声，陈景润才如梦初醒。他没有笑，也没有和谁议论。只是不能理解：要证明哥德巴赫的猜想，为什么那么难。

在大学期间，谁也没有注意到他。在同学中，他总是觉得低人一等。首先是家庭，他的父亲不过是个邮局的小职员，他年纪还很小的时候，母亲得了结核病，无钱医治，新中国成立前就死了。贫穷夺走了他六个兄妹的生命。他总算挣扎着活过来了，可恶的结核菌，也侵入了他的肺部和胸、腹部，再加上营养不良，人长得又瘦又小。家庭的困顿，经济的拮据，病弱的身体，使他常常感到不如人，因此平时总是离群索居，下了课，一个人蹲在一旁悄悄地看书。

一年以后，陈景润大学毕业了，留在系里当了辅导员，兼管图书资料工作。

工作中的陈景润

党号召向科学进军，系里热闹非凡，人们三五成群地自发组织起来，搞各种研究。热火朝天的气氛也感染了陈景润。

“我也要向科学进军，攻下那个猜想！”夜里睡不着觉时，他暗地里下决心说。这时候，他就好比一个不会下棋的新手，很想找老棋师对弈，他立志要从数论发展史上擦掉这个大问号。

## 初露锋芒

下了决心以后，陈景润开始一步一步地向顶峰攀登。他把华罗庚的名著《堆垒素数论》找来，不分昼夜地边读边研究开了。

新中国成立初期的厦门，地处海防前哨。国民党的飞机不时飞来骚扰。学校里一天响起好几次空袭警报。警报一响，师生们就往防空洞里跑，陈景润为了把躲警报的时间也利用上，就把书一页一页地拆开，装在口袋里，进了防空洞找个角落蹲下来，借助微弱的灯光继续钻研。

“勤业斋”背靠青山，面向大海，这里有十几间小平房，是专供有慢性病的职工住的宿舍。一天夜里，“勤业斋”的灯全熄了，两个巡逻的学生忽然发现，从一个窗口里透出了微弱的光。

“这里是海防前哨，怕不是有人搞鬼吧?”两个学生满腹狐疑地走近一看，一个很大的黑灯罩，不但遮住了灯光，连灯下的人也遮住了。

“走，进去看看!”说完，敲了敲门。

门打开了，陈景润茫然地站在门口，半晌，他仿佛才从睡梦中醒来，嘻嘻地笑着说：“同学们，请屋里坐!”

两个学生进屋一看，床上、桌子上、地板上到处堆着书和纸，一张张纸上写满了密密麻麻的数学公式。见这情景，两个学生抱歉地笑了，说了声“对不起”便告辞了。

陈景润就是这样长年累月、通宵达旦地苦苦钻研。他把《堆垒素数论》从头到尾读了七八遍，重要的篇章读了40遍以上；他不但读，而且按照自己的思路重新演算，算着算着，他忽然有所发现了。有一天，他兴冲冲地走进教员办公室，对李文清老师说："老师，我写了篇论文，请你看看！"

李老师一看，论文的题目是《塔内问题》，便说道："好的，放在这里我抽空看看吧。"

过后，李老师一看，原来陈景润在这篇论文中，对华罗庚的《堆垒素数论》一书中的五个定理，都一一做了改进。《堆垒素数论》是华罗庚的成名杰作，问世十几年了，各国数学家都奉为经典，从未有人提出过怀疑，现在，一个大学刚毕业的青年，竟然如此大胆地提出了修改意见。事关重大，李文清反复看了这篇论文，又请几位老师看了看。

一天，他把陈景润找来，高兴地说："你的论文，我和几位老师都看过了，我们认为你做的改进是对的，你的改进使这本书更完美了！《堆垒素数论》好比一颗稀世的明珠，你做的改进好比拭掉了明珠上的灰尘。因而，你应当把它寄给华罗庚教授看看！"

听了李老师的话，陈景润有些迟疑，他说："老师，这是著名数学家的著名著作，这样做，别人会不会说我太放肆、太狂妄呢？"沉吟了一会儿，他又面有难色地迟迟疑疑地说："我怕这样做，不合适。"

"这有什么不合适的？前人的成果难道就不可以改进吗？现有的数学名著，它们的作者当然都是著名的，但是，由于种种原因的局限，不可能是完美无缺的。青出于蓝，更胜于蓝，古来如此，不必顾虑重重了。”

第二天，陈景润便把论文寄走了。

## 走 向 顶 峰

在北京西郊中关村，由著名数学家华罗庚主持的中国科学院数学研究所里，人才济济。

有一天，这个研究所业务处的一位工作人员交给了华罗庚的学生、研究实习员王元一封人民来信，并附有《塔内问题》这篇论文，作者署名是陈景润。

“华先生，我看了这篇论文，我认为陈景润的论证没有什么错误，他利用数学的高维方法处理低维问题，很得当，他把苏联数学家维诺格拉多夫和您的两种不同方法结合起来，运用得很好，这是他的论文，请您看看！”王元热情地推荐说。

过了几天，华罗庚把王元找来说：“论文和信我都看过了，这个年轻人真有想法！我要把他的改进意见收在再版的《堆垒素数论》中。”接着，又说：“噢，对了，请你给这个年轻人写封信，就说我请他到北京来，参加今年秋天召开的数学讨论会，请他到会做报告！”

华罗庚不愧是一位豁达大度的数学大师，他在19岁时，勇敢地向大学教授挑战，写出了《苏加驹教授的代数五次方程式不能成立的理由》那篇著名的论文，受到数学大师熊庆来的青睐，从此一举成名。

现在，陈景润这个无名的青年又站在了他的面前。如今，他已经坐在中国数学界的第一把交椅上，他将会怎样对待敢于“冒犯”自己尊严的年轻人呢？

半年以后的一天早晨，由于华罗庚的极力推荐，陈景润千里迢迢地从福建来到北京，作为华罗庚特殊的学生，调到数学所工作。

华罗庚与陈景润（右）

这时，数学研究所虽然还在初创阶段，但在华罗庚的周围正形成独树一帜的中国学派。在华罗庚的学生中，代数方面首推万哲先，函数论方面陆启铿不断有创新，王元在数论方面孜孜以求，如今，又来了个陈景润。

在这个人才荟萃的环境里，经过整整十年的秣马厉兵，陈景润决定正式向哥德巴赫猜想进军了。

"我不想和中国人比高低，我要和外国人比高低!"

他从此以后便"似痴若愚"地埋头苦干起来。

每天，天刚蒙蒙亮，他就夹着书本来到数学所大楼中间的图书馆里，一坐就是几个甚至十几个小时，终日埋头阅读、思考或是演算。哥德巴赫猜想是那样吸引他，以致使他一次次地忘了时间，忘了吃饭和睡觉。有时候，下班铃响了，他根本没有听见，图书管理员下了班，他被反锁在里边；有时候，本来是到食堂吃饭，走着走着，边走边想问题，结果又回到了宿舍里。年复一年，他天天工作到深夜，一天只睡三四个小时；有的时候，一天甚至只睡一个多小时。高度紧张的脑力劳动，使他变得越来越"怪僻"，他的病也越来越严重了。

"这人快不行了，关心关心他吧!"中关村医院的医生们给研究所建议说。并且宣布说，他的病小医院治不了了，请他转院。而他呢，嫌转来转去看病麻烦，干脆不治了。从 1967 年以后，医生让他全天休息，工资只拿 80%，而他一刻也没有真正地休息过。一年又一年，每天下午他都发烧在 38 ℃以上，肚子里渐渐有了腹水，他依然白天、黑夜地算啊，写啊，写啊，算啊，密密麻麻地写了一张纸又一张纸，一个麻袋装满了，再开始往另一个麻袋里塞。可恶的结核病，使他发烧、盗汗，浑身发冷，四肢无力，他不得不在盛夏酷暑还穿着棉裤、棉袄。

有人说，国内外解决哥德巴赫猜想的办法已经不多了。究竟还有没有路呢？他竭尽全力探索了所有的路，有时为了证明一个定理，他采用了几种，甚至十几种不同的方法，通过反复的演算从中找出最好的办法。那些无穷无尽的公式、数字符号，看来是那么枯燥、单调，但却是攻克难关所必须进行的艰苦劳动。有多少个冷雨敲窗的秋夜，有多少个大雪纷飞的黎明，他一只手抚摸着隐隐作痛的肚子，另一只手还在不停地算啊，写啊。

……

## 冬天的阳光

武衡等人深夜把陈景润领到了清华大学的一个会客室里，坐下以后对他说："你在数学基础理论方面取得的成就，毛主席、周总理等中央领导人知道了，大家都很高兴。毛主席和中央领导同志听说你身体不好，特地派我们带来医生给你看看病。"

陈景润听了，一时不知道说什么好。他只感到在世上活了这么多年，从来还没有人这样关心过自己。于是，茫然地望着在座的人们，喃喃地说："谢谢，谢谢，谢谢大家，谢谢毛主席的关怀，我没有做出什么贡献。"

"过去，你得过什么病吗?"著名内科医生张孝骞和蔼地笑着，拿出听诊器来问道。说完，他请陈景润躺在沙发上，一面敲胸听肺，一面听陈景润详细陈述病情。陈景润说，过去中关村医院曾说他最多还能活五年；几年前，病情最严重，当时差点死了。

"现在好多了。每天可以吃六两饭，晚上把收音机放在耳朵上听三四个小时，也能睡觉了。"他心满意足地说。

检查结束以后，武衡等人再次对他讲了毛主席和党中央对他的关怀，劝他治治病。

“你需要做系统的、持续的治疗，需要休息、增加营养，只要你肯住医院，你的病是完全可以治好的！”在座的著名心脏病专家蔡如升也劝说道。

几天以后，陈景润便被送进了北京郊区的309医院。病愈后，他着手整理了那篇震动全世界的著名论文……

## “你移动了群山！”

1973年《中国科学》第16卷第2期发表了陈景润的论文《表大偶数为一个素数及一个不超过二个素数的乘积之和》全文。

这篇论文，就像一颗光彩夺目的明珠，突然抛进了国际数学界。各国数学家们读了，如获至宝。

从哥德巴赫提出那个著名的猜想，到陈景润的论文发表，中间经过了200多年的漫长岁月，有多少数学家绞尽脑汁、呕心沥血地试图证明它，最后都失败了，到头来还是个猜想。蓦地，中国年轻的数学家忽然间宣布他得到的结果已经逼近了问题的最后解决，由此引起的巨大反响，从世界各地迸发出来。人们纷纷赞叹说：

“陈景润这篇著名的论文，是筛法理论的顶点。它包含了迄今为止，用筛法来解决哥德巴赫猜想的最佳逼近。”

“甚至在这种受限制的环境里（指十年动乱），（中国）在纯粹数学方面的不少研究，也还是第一流的。特别应该提到的是，在有关哥德巴赫猜测及奈望利纳理论方面所做的工作。近年来，那里所得到的最杰出的成果，是陈景润的定理。”

“陈景润的工作，就好比在喜马拉雅山的顶峰上行走，每前进一步都非常困难。”

“陈景润是中国数学家中的佼佼者，尽管在过去20年中，中国发生了各种不测事件，他仍能从事第一流的研究。”

在英国数学家哈伯斯坦和李希特合著的《筛法》一书，写完了十章正准备出版的时候，“陈氏定理”忽然问世，作者决定推迟出版，又立即以“陈氏定理”为题，专门写了第十一章。

1979年法国出版了古今1000多位大数学家的传记，将陈景润也列在其中。英国数学家赫胥黎在写给陈景润的信中惊叹说：“啊——你移动了群山!”

1979年的一天，美国科学院副院长访问中国科学院数学研究所时，惊问陈景润说：“是什么力量和毅力，使你大力推进了如此之难的哥德巴赫猜想呢?”

……

这是一个春光明媚的日子。

北京人民大会堂里笑语喧哗，巨大的天花板上朵朵向日葵灯齐放光明，在耀眼的灯光下，郭沫若亲笔书写的“全国科学大会”六个烫金的大字闪闪发光，两边并排着鲜艳的红旗，五彩缤纷的鲜花和一盆盆苍松翠柏，在空气里散发着一阵阵芳香。

1978 年 3 月 18 日下午 3 时，会场上响起了暴风雨般的热烈掌声。大会主席走上讲台，对着成千上万的科技工作者说：“现在，我宣布全国科学大会隆重开幕!”

这时，电视录像机、照相机纷纷对准了主席台。在耀眼的灯光和动人心魄的掌声中，陈景润身穿崭新的蓝色中山装，他笑容满面地同党和国家领导人一起，健步登上了主席台。

人们一个接一个上台发表演讲。突然，大会主席宣布说：“现在，请陈景润同志讲话!”

沉浸在高度兴奋和喜悦中的陈景润，从主席台上站起来，容光焕发地迈着快步走到麦克风前，对着台下坐的上万名科技工作者，谈了自己是怎样完成移动群山的伟大使命的。最后，他讲了这样几句发自肺腑的话，他说：“我自己感到，我只不过是攀上了科学的一座小山包……我的经历和千千万万科学工作者的经历都说明，要向科学技术现代化进军，必须苦战!”

一年以后，陈景润乘飞机飞越太平洋，到美国访问、讲学。在大洋彼岸，他用流利的英语在美国各个著名的大学辗转讲学，博得了美国科学家的一片喝彩。

回国后，他回到了阔别多年的故乡。一天，他来到中学时代的母校，给同学们讲了一个故事。人们从这个故事中，也许能找到前面提到的那位美国科学家给他提的问题的答案。他说：“同学们，你们听说过这样一个题目吗？现在有一百元钱，要买一百只鸡，已知大公鸡每只五元，母鸡每只三元，小鸡每只值半元。问：一百只鸡中，大公鸡、母鸡、小鸡各有多少?”

学生们睁大了眼睛听着。

过了一会儿，陈景润又说:“这叫作百鸡术。是我国古代人民提出来的，很出名呢！还有圆周率（$\pi=3.1415926\cdots\cdots$）、孙子定理和商高定理。这些成就的取得，都比西方早。只是近百年来，我们才落后了。所以，我们一定要奋发起来，为科学献身!”

人们猜想，可能是这个原因，使陈景润奋不顾身地移动了群山!

（原载《中国当代科学家的奋斗之路》，上海人民出版社 1985 年版，有修改）

# 中国现代妇产科学的开拓者——林巧稚

林巧稚

1983 年 4 月 22 日 12 时 47 分，82 岁的著名妇产科专家林巧稚教授，在“不停地迎新生命中”与世长辞了！

逝世前两天的夜里，她在睡梦中还忽然喊道：“产钳！产钳！”自从卧病床以来，她已多次这样呼喊了。守护在她身边的医务人员知道林巧稚医生又在梦中“接生”，便连忙把一个硬物件放在她的手中，然后俯在耳边轻轻地哄她说：“大人孩子都平安，您放心地睡吧！”于是，病房里安静下来，林巧稚又安详地入睡了。

自1981年春天以来，林巧稚因患高血压、动脉硬化、脑血栓等病症，上肢完全瘫痪而卧床不起。两年中，她时而清醒，时而昏迷。梦幻中，甚至到了弥留之际，她想的还是接生。

有一天早晨，一位护理人员给她洗手，笑着问她说：“老主任，您这双手真好，接了多少生啊？”

“千千万万！”鬓发如银的林巧稚躺在病榻上自豪地说。

林巧稚作为中国现代妇产科学的开拓者，在绿色琉璃瓦覆盖的协和医院（现首都医院）里，度过了60多个春秋。在这漫长的岁月里，她用自己的双手把一个个新生命迎接到人间，耳边几乎天天都回响着母亲幸福的呻吟和婴儿哇哇落地的哭叫声组成的生命交响乐。她就在这生命的交响乐声中度过了光辉的一生！

## 妇产科第一位中国籍女主任

1920年一个夏日的早晨，19岁的林巧稚坐在鼓浪屿女子师范学校的教室里正专心致志地编织手工，站在一旁已经看了很久的一位教师猛然赞叹说：“手很灵巧呀，当个大夫倒挺合适。”

这句话指出了林巧稚将要走的人生之路。第二年夏天，她便和一位女同学结伴离开家乡鼓浪屿到上海报考了协和医学堂。考试的那天，那位女同学忽然晕倒了，林巧稚赶忙丢下未答完的考卷跑去照料。按常理，这次考试是不及格的，因为她没有答完考卷。可是，在场的主考老师却破格地录取了她。这位老师从那张未答完的试卷上已有的成绩，和她在别人遇到危难时所表现的忘我牺牲精神判断，在这位瘦小的年轻姑娘身上，有着一个良医所必备的宝贵品德。

1929 年林巧稚以全班第一名的成绩在协和医学堂毕业。当实习医生期间，她目睹了妇女分娩时的痛苦和一个小生命诞生时人们的喜悦情景，深深地被妇产科专业吸引住了。

“当妇产科医生是要做手术的，女的还想学开刀?”听了这些鄙视妇女的议论，她暗自思忖:“我非要学成不可!”然而，尽管她学习勤奋、成绩优异，旧社会那种“妇女不能执刀”的陈腐观念仍在时时作祟。当她在维也纳考察时，忽然接到院方一封电报，要她立即回国改学公共卫生。她断然拒绝了这个要求，坚持到考察完毕，回国后仍然从事妇产科的工作。

年复一年，林巧稚以产房为家，把全部心血都倾注在照料产妇和婴儿的劳动中。她常说:“不理解病人，不同情妇女，就算不上一个好的妇产科大夫。”她是这样想的，也是这样做的。可是，她没有料想到竟遭到了当时协和医院美国同行的非议。一天她正在照料一个临产的妇女，一会儿给产妇擦汗，一会儿喂水，那个妇女紧紧地攥着她的手，强忍着产前的阵痛。正在这时，妇产科主任惠狄克走来，嘲讽说:“密斯林，难道你认为给病人拉拉手、擦擦汗就可以当教授吗?”

林巧稚不理会这种嘲讽。她坚持对母亲和婴儿要体贴入微，同时对技术精益求精。不久，她便接替了那位主任的职务，成为协和医院妇产科有史以来第一位中国籍的女主任。

太平洋战争爆发后，协和医院关闭了。她失去了固定的工作，为了谋生，便一面挂牌看病，一面到中和医院行医，还到北大任教。这段时间，她接触到了下层劳苦群众。有一次，她走进一家低矮、潮湿的小屋给一位难产妇女接生，一直守候到天亮才把孩子平安地接生下来。当时，她又冷又饿，她见这户人家一贫如洗，走时不仅没有收出诊费，还留下了一些钱关照给产妇增加营养。在旧中国，林巧稚曾不止一次地扶危济贫。但是，在那个国难当头、民不聊生的年月，无数人民过着悲惨的生活，她一个弱女子又能解救多少呢！

## “我和我的事业将与祖国共存”

“她在国民党时期的中国开始了优异的医学事业，而在中华人民共和国时期达到了顶峰。现在在中国，她被看作是一个医生女英雄。”美国医师约翰·斯·鲍尔士在《西方医学在中国宫殿——北京协和医学院》一书中，曾经这样评价过林巧稚。

北京解放前夕，协和医院这座绿瓦青砖的宫殿骚动起来了。一些对共产党持敌视和怀疑态度的人纷纷离开。一位朋友给林巧稚送来一张用金条换来的飞机票，劝她离开中国到她愿意去的世界任何地方。并说道，凭着她那高明的医术和社会声望，无论走到哪里，金钱和地位都唾手可得。

“不，我不走!”她坚决地摇了摇头说。

“我是个中国人，离开自己的祖国，到哪儿也不好过。国家境况好，我们就跟着她过好日子，国家境况坏，我们就跟着她过苦日子。”说到这里，她的眼睛湿润了。最后，她庄严地说：“我和我的事业将与祖国共存!”

林巧稚留下来了……

1952 年初夏的一天，周恩来总理发请柬，邀请林巧稚等一些科学家到中南海怀仁堂开会。会议预定在下午 3 时举行。她走进会场，刚刚坐定，就听见了周总理宣布开会的洪亮声音。听了周总理的一席话，她十分敬佩。从此，她开始一步步了解了共产党。

“三反”“五反”运动中，她从报纸上看到党处决了蜕化变质分子刘青山和张子善。她兴奋地对人说：“历史上没有一个统治集团在掌握政权以后能够正视自己的缺点。我信服共产党了！中国有希望了!”

党和人民在关注着林巧稚的每一点进步。每届全国人民代表大会她都被选为人大代表，从第三届起又当选为常务委员，还担任了全国妇联副主席。新中国成立初期，中国革命的历史潮流汹涌澎湃，年已半百的林巧稚不知不觉也被卷了进来。她怀着无比兴奋激动的心情在《打开协和窗户看祖国》一文中写道：“协和的窗户打开了，竖起了毛泽东时代的五星红旗……我为祖国伟大的进步感到光荣和骄傲!”

从协和狭小的圈子走到广阔的革命和建设洪流中，林巧稚常说，周总理和邓大姐是她的引路人。“我们要像春蚕一样，把最后一根丝都吐出来贡献给国家！”周总理在接见中华医学会第一届妇产科学术会议代表时说过的这句话，长久地激励着她，鞭策着她。毛主席也久闻林巧稚的业绩人品，并亲切地接见了她。

## 在千万个母亲和孩子心中留下丰碑

林巧稚为患者诊断病情

林巧稚是一位临床经验极其丰富的妇产科专家。早年，她曾对“胎儿宫内呼吸”和“女性生殖道结核”等课题进行过研究。新中国成立后，她积极贯彻“预防为主”的方针，负责组织了北京地区子宫颈癌的普查和防治；由她支持和指导、经宋鸿钊教授研究的《绒毛膜上皮癌和葡萄胎的诊断处理》这一课题，创立了大剂量化学治疗方案，达到世界先进水平。近年来，她主编了学术专著《妇科肿瘤学》，以及《家庭卫生顾问》《育儿百科全书》《农村妇幼卫生常识问答》等科普读物。她非常注重临床实践，当她在国内外已经享有盛名之后，仍不肯脱离临床第一线。她常说：“我愿做一辈子值班医生。”直到晚年，始终没有丝毫的懈怠。她家里的一部电话，几十年来日日夜夜都在牵动着她的心。常常有这种情况：她拖着疲惫的腿刚到家，等候已久的朋友们正兴致勃勃地准备同她攀谈、聚会，电话铃响了，她抱歉地向客人们摆一下手，拔腿就走。在她看来，作为一个医生，既然病人把生命交给了你，你就要尽心尽意，负责到底。比起病人的生命来，你冷，你饿，你困……都是微不足道的。

正是怀着这样的信念，她几十年如一日，总是下班最晚，离开医院前还要到病房里巡视一遍。

1980 年的一天，一位华侨家属来到首都医院。她的家原来在唐山，地震夺去了她两个孩子的生命，后来两次怀孕又都流产了。这次怀孕仍有流产先兆，急切地盼望林大夫能给她保住这个孩子。这时，林巧稚已经重病在身，可她仍然抱病为这位孕妇做了检查，嘱托夜班医生处理。处理完已经很晚了，值班医生怕影响她休息，没有打电话向她汇报。第二天早晨她很生气，责怪为什么不打电话告诉她检查结果。事后人们才知道为了等这个电话，她竟一夜没有睡觉。

在她诊治过的病人中，有党和国家领导人，也有普通的农妇或工人。她看起病来都一丝不苟，一视同仁。有一次，医院里收了一位从山东农村来的70多岁的妇女，她的卵巢长了一个50多斤的大肿瘤。林巧稚不仅亲自制定了手术方案，成功地给这位农村妇女切除了肿瘤，还亲自参加护理工作，给病人买来可口的食品。病人感动地拉着她的手，叫她“林大姐”。一位解放军战士的爱人患严重的妇女病，到许多医院都没有治好。后来，这位战士给林巧稚写了一封信，心想：“她是中外闻名的专家，我是一个普通当兵的，怕不行吧！”没想到几天后就收到了林巧稚的回信，她在信中热情地询问了病情，后来又帮助这位战士的爱人住进医院做了手术。这件事在村子里传开后，农民们感动地说：“就凭林大夫三番五次给咱庄户人家写信，也该给她请功。要是在旧社会，咱穷人到哪里找这么好的名医啊！”

林巧稚大夫一生独身，可她的影集里却镶着很多孩子的照片。她亲手迎接了5万多个小生命。许多年轻的父母感念她的救死扶伤精神，给自己的孩子起名叫“念林”“敬林”“仰林”“依林”……

林巧稚为千千万万个母亲和孩子献出了自己的一切。临终前她还在为母亲和孩子们操心。五届人大以后，她很关心中国妇产科研究所的筹建工作。一天，她请身边的护理人员把邓颖超同志的秘书请来，说：“中国10亿人口，有4亿多是妇女，应该有一个研究所。”又说：“我病了，不能到处走，希望你们一定帮助把这个研究所办起来。”

一代名医林巧稚溘然长逝了。几十年来，经她救治过的妇女和儿童遍布祖国四面八方。她虽然孑然一身，没有留下一个孩子。但是，她在千千万万个母亲和孩子的心目中却留下了难以磨灭的丰碑！

（原载《新华社新闻稿》，1983 年 4 月 28 日，顾迈男、冯瑛冰合撰，有修改）

# 后 记

应广东高等教育出版社总编辑黄红丽及资深编辑刘秀芝女士之邀，我把20世纪60年代以后陆续采写的稿件，编辑成册，呈现给广大读者。

这本集子中有的文章曾在2011年中共党史出版社出版的《报国：回忆我所采访的科学大家》一书中发表过，有些文章曾经新华社对国内外播发，还有些文章曾在《百年潮》刊物上发表过。现在，我重新整理，编辑出版。在此，我要感谢国防科工委钱学森教授、中科院钱三强教授，以及朱光亚、周光召教授等的大力协助，感谢他们身边的人们提供的许多宝贵资料。中共中央党史与文献研究院的诸位同志，以及《百年潮》的谢文雄同志、核工业部的李鹰翔、新华社的冯瑛冰、协和医院的郎景和大夫等等，都为这些稿件的问世提供了帮助。最后，我还要感谢林一山同志的儿子林健，关于三峡及南水北调的有关资料，是他提供的；由于大家的协助，这本书才顺利问世。

**顾迈男**

**2020年5月16日**